Liebe Leser,
liebe Zuschauer,

gut zu kochen ist viel einfacher, als Sie vielleicht annehmen. Das Geheimnis fängt bei den Zutaten an. Vincent Klink und Otto Koch verwenden für ihre Sterneküche nur hochwertige regionale, saisonale Bio-Produkte. Welch eine kulinarische Vielfalt durchs ganze Jahr damit möglich ist und dass Bio mehr ist als nur gesund, das zeigen unsere KüchenKerle mit diesem Kochbuch und der DVD. Probieren Sie ihre 32 köstlichen Rezepte, und erleben Sie die zwei, wie sie auf ihre unverwechselbare Art auf dem Bio-Hof Tennental kochen – nach dem Motto „Frisch vom Feld direkt in den Kochtopf".

Wir wünschen Ihnen
viel Vergnügen!
Ihre ARD-Buffet-Redaktion

IMPRESSUM

Kochbuch
Eine Produktion des Burda Senator Verlags GmbH
Chefredakteurin: Angelika Puls
Redaktion: Yvonne Krüger (Ltg.), Stefanie Meyer,
Sandra Prill, Heike Rheker
Grafik: Jeannette Gelinsky, Kim Kellinghusen
Fotoredaktion: Anne Stolba
Mitarbeiter: Susanne Raht
Schlussredaktion: Peter Mann
Herstellung: Klaus Löffel
Geschäftsführung: Reinhold G. Hubert, Frank-J. Ohlhorst
Verlagsleitung Category Management & Media Cooperations:
Heike Rudolph
Druck: B & K Offsetdruck GmbH, Gutenbergstraße 4–10,
77833 Ottersweier
Redaktionsadresse:
Medien Innovation GmbH, Büschstr. 2, 20354 Hamburg,
Telefon: 0 40/30 70 64 11, Fax: 0 40/32 52 64 81

DVD
Produktion: smac media & consulting GmbH im Auftrag
der SWR Media Services GmbH
Gesamtproduktionsleitung: Gert Bühringer, Bernd W. Rieger,
Susanne Schey
Ausstattung: Culimedia (auditiv-visuell-gustatorisch)
Drehbuch/Regie/Schnitt: Philip Fricker (www.philipfricker.de)

Der Dreh der DVD wurde freundlich unterstützt von der
Dorfgemeinschaft Tennental. Der Betrieb wird nach den
biologisch-dynamischen Richtlinien von Demeter geführt.

Verlag & Vertrieb
Copyright © 2008 by edel entertainment GmbH,
Hamburg/Germany
Director edel motion: Oliver Hagedorn
Product Manager: Torben Halfter

ISBN 978-3-940507-01-3

Fotos: F1 online (33), Getty Images, Maike Jessen (33) für ARD-Buffet/Foodstyling: Nicole Müller-Reymann/Styling: Krisztina Zombori,
Pitopia (2), Wolfgang Schardt (5), Shotshop (4), Berthold Steinhilber (6) für ARD-Buffet, StockFood, CMA, MEV, PR (10), privat
Illustrationen: Marei Schweitzer (12) für ARD-Buffet, privat
Titelfoto: Berthold Steinhilber für ARD-Buffet

Inhalt

Otto Koch gefällt die regionale Küche vor allem, weil sie authentisch und traditionell ist, sich dabei aber trotzdem kreativ präsentieren lässt.

Kochen mit gut

Unsere Sterneköche Otto Koch und Vincent Klink erklär

Vincent Klink kocht mit saisonalen Lebensmitteln, weil für ihn die Ursprünglichkeit eines Produkts, Qualität und ein unverfälschter Geschmack gutes Essen ausmachen.

n Gewissen

rum sie nicht mehr auf Bio-Produkte verzichten ...

Vorwort

Wir mögen Obst und Gemüse ohne Jetlag. Sie wissen ja, wie man sich nach einem Langstreckenflug fühlt: ziemlich schlapp und müde. Da geht es der Tomate von der spanischen Costa del Sol oder der Flugananas aus Costa Rica auch nicht anders. Nach den langen Wegen, die sie zurückgelegt haben, verlieren sie an Energie bzw. Vitamingehalt, und ihr Geschmack wird dadurch bestimmt nicht gerade besser. Vom CO_2-Ausstoß mal ganz zu schweigen. Wie gut dagegen heimische Erdbeeren, Möhren, Pilze oder Äpfel schmecken, erkennt man bereits am intensiven Geruch!

Und wenn Sie erst hineinbeißen, dann spüren Sie auch den Geist der Jahreszeiten. Frühjahr, Sommer, Herbst und Winter bringen uns Abwechslung auf die Teller, es wird nie langweilig. Eben noch freuten wir uns über frisch sprießenden Spargel, dann sind es goldige Pfifferlinge in der Pfanne, da kündigen sich schon Kürbis und Kohl an und verlangen nach Zubereitung. Besorgen Sie sich die frische Ware vom heimischen Markt. Sie hat nachweislich mehr als das Zehnfache an Vitaminen im Vergleich zu Importprodukten und ist dadurch ganz klar gesünder. Gourmets schreien nun vielleicht auf: „Was, den ganzen Winter nur Sauerkraut und Kohlwickel?" Da gibt es unserer Meinung nach ganz hervorragende Alternativen. Allein die Familie der Wurzeln und Rübchen ist so zahlreich, dass man sich selbst als Berufskoch wochenlang damit beschäftigen kann. Pastinaken, rote Möhrensorten, Sellerie und so weiter. Es kommt auch darauf an, wie Sie's kombinieren, kochen und anrichten. Grünkohl ist z. B. der Star unserer Quiche (S. 86), und knackiges Fenchelgemüse spielt die Hauptrolle neben gebeiztem Lachs (S. 84). Besonders raffinierte Dinge kann man auch mit Roter Bete anstellen (S. 58).

Lieber einen Wurm in der Kartoffel als viel Kunst

Der besondere Geschmack dieser Rohstoffe ist aber erst echt und genussfähig, wenn sie ursprünglich sind und nicht mit Kunstdünger hochgezogen oder stark gespritzt wurden. Wir sind also klar für Bio, und das schon immer. Dahinter steht kein Dogma, sondern mehr eine Haltung, denn Bio schmeckt uns einfach viel besser. Und ökologisch erzeugte Produkte sind in Zeiten des Klimawandels auch noch umweltfreundlicher. Allerdings: Wenn es nur Bio-Äpfel aus Australien gibt, sollte man es bleiben lassen, bis der Bauer um die Ecke wieder welche anbietet. Es geht uns darum, die regionalen Erzeuger zu unterstützen. Was in der Heimat angebaut, gezogen und gezüchtet wird, bedeutet für uns aber auch eine gewisse Identität, aus der wir unsere Selbstsicherheit beziehen. Importierte Ware verwenden wir nur, wenn es keine wirkliche Alternative gibt. Das ist bei Zitronen beispielsweise der Fall. Die kaufen wir wegen ihres einzigartigen Aromas auch schon mal von der italienischen Amalfi-Küste. Man muss den Gürtel auch mal weiter schnallen. Jetzt sagen Sie vielleicht: „Aber Bio ist doch schweineteuer!"

Die Geiz-ist-geil-Mentalität ist traurige Grundstimmung vieler Leute.

Wer aber clever einkauft, kann sich Bio in den meisten Fällen leisten. Deutscher Kohl ist zum Beispiel im Winter um vieles günstiger als südamerikanische Zuckerschoten. Und es bieten sich immer mehr Möglichkeiten, seit Bio wirklich marktfähig geworden ist. Allein im letzten Jahr stieg der Gesamtumsatz der grünen Bewegung um 15 Prozent. Damit ist Deutschland der größte Bio-Markt Europas. Und der schönste Bio-Garten liegt natürlich, wenn Sie die Möglichkeit dazu haben, gleich vor Ihrer Haustür: Im eigenen Garten zu ernten ist ein großes Glück. Frischer, natürlicher und günstiger geht's wirklich nicht. Probieren Sie's mal aus – und sei es mit einem Kräutergarten auf der Fensterbank (S. 30). Oder Tomaten und Bohnen auf dem Balkon.

Schweine werden nicht im Tetrapack geboren

Fleisch ist etwas wirklich Wertvolles. Das war früher so, als es Luxus-, weil Mangelware war, und das ist heute so, obwohl wir die Zeit der Massentierhaltung noch nicht hinter uns gelassen haben. Beim Einkauf ist Ihr Bauchgefühl gefragt, das A & O ist der Metzger Ihres Vertrauens. Und weiß er, wo die Tiere, deren Fleisch er in seiner Auslage anbietet, geweidet haben, sind Sie bei ihm bestimmt richtig. Wenn möglich, setzt auch er auf Bio-Ware. Vorsicht jedoch: Damit es nicht zäh ist wie eine Schuhsohle, sollte es genügend eingelagertes Fett im Muskelgewebe haben. Nur dann ist es unübertrefflich saftig und gut.

Man kann Bio-Fleisch nach unserem Verständnis einfach mit mehr Lust und besserem Gewissen essen. Denn den Tieren geht es auf Öko-Höfen besser als in den meisten konventionellen Betrieben. Ganz gleich, ob Rind oder Schwein, laut EG-Öko-Verordnung müssen sie mehr Platz zur Verfügung haben und bekommen besseres Futter. Bio-Fleisch ist rückstandsfrei von Hormonen, Antibiotika und sonstiger Chemie, deshalb ist es gesünder. Absolut.

Unsere ureigene Biologik

Wir fühlen uns in unserer Bio-Küche gut aufgehoben. Am Ende muss aber jeder selbst wissen, was er sich wert ist. Überzeugen wollen wir Sie mit gutem Geschmack.

Herzlichst, Ihr

Kochen im Frühling

Leichte Kräuter-Spargelcreme mit Kerbelnocken

Für 2 Personen:
- 400–500 g weißer Spargel (z. B. Suppenspargel)
- Saft und 1 kleines Stück Schale einer halben, unbehandelten Zitrone
- Salz/Pfeffer
- Zucker
- 2 1/2 EL Butter
- 2 EL Mandelöl (ersatzweise mildes Nussöl, z. B. Walnussöl)
- 100 ml Sahne
- 1 gehäufter TL Mehl
- 1/2 Bund Kerbel
- 1/2 TL rote Pfefferbeeren
- 80 g Frischkäse

Zubereitungszeit: ca. 30 Minuten, Garzeit: ca. 30 Minuten

1. Spargel abspülen, schälen, holzige Enden abschneiden. Spargel in gleich große Stücke schneiden. Schalen mit Zitronensaft und -schale, 1/2 TL Salz, 1 Prise Zucker, 1 TL Butter und 600 ml Wasser in einem Topf bei mittlerer Hitze ca. 15 Minuten auskochen.

2. Fond abgießen, 1/2 l davon abmessen. Spargel darin ca. 12 Minuten garen.

3. Spargel aus dem Fond heben, Fond ca. 5 Minuten einkochen lassen. 2/3 des Spargels (untere Stücke) und evtl. Mandelöl in den Fond geben und alles fein pürieren, evtl. durch ein Sieb passieren.

4. Sahne zugießen, abschmecken und aufkochen. 1 EL Butter und Mehl glatt verkneten, in Flöckchen unter Rühren in der Cremesuppe schmelzen lassen. Bei schwacher Hitze ca. 1 Minute köcheln lassen. Rest Butter in einer Pfanne erhitzen, übrigen Spargel darin kurz anbraten.

5. Kerbel abspülen, trockentupfen, abzupfen und fein hacken. Pfefferbeeren grob zerstoßen, mit Frischkäse und Kerbel verrühren, mit einem Teelöffel daraus Nocken formen.

6. Spargelcreme mit Frischkäsenocken, übrigem Spargel, evtl. Pfefferbeeren und Kerbel anrichten.

„Frühling, das ist für mich vor allem *Kräuterküche*, da nach den dunklen Monaten die Lust auf frische Aromen besonders groß ist. Kräuter sind ein Symbol für die aufbrechende Natur. Es ist die Zeit des Kerbels, der mit seinem *Freilandduft* bestens zu Spargel passt."

Vincent Klink

Spargel in Nussbutter

Für 2 Personen:
- Je 500 g grüner und weißer Stangenspargel
- Salz • Zucker
- 4 EL Butter
- 2 Schalotten
- 100 ml trockener Weißwein
- 3 EL Haselnusskerne
- je 1/2 Bund Schnittlauch und Dill

Zubereitungszeit (ohne Garzeit): ca. 25 Minuten

1. Spargel abspülen. Weißen Spargel schälen, Enden abschneiden. Vom grünen Spargel nur die evtl. holzigen Enden großzügig abschneiden, Stangen im unteren Drittel schälen.

2. Weißen Spargel in wenig leicht gesalzenem Wasser mit 1 Prise Zucker und 1 Messerspitze Butter zugedeckt ca. 12–15 Minuten dünsten, Spargel herausnehmen. Grünen Spargel in der Dünstflüssigkeit ca. 10–12 Minuten zugedeckt dünsten, herausnehmen, 100 ml Fond abmessen.

3. Inzwischen Schalotten schälen, sehr fein würfeln. Rest Butter in einem Topf erhitzen, Schalotten darin glasig dünsten, 1/2 TL Zucker darüber streuen und kurz karamellisieren lassen. Mit Wein und abgemessenem Spargelfond ablöschen und alles bei starker Hitze ca. um 2/3 einkochen lassen.

4. Nüsse grob hacken und in einer Pfanne rösten, bis sie zu duften anfangen, mit der Schalottenbutter mischen. Spargel auf einer Platte anrichten, mit der Nussbutter beträufeln. Schnittlauch und Dill abspülen, trockentupfen, fein schneiden und darüber streuen. Dazu passen z. B. neue Kartoffeln und luftgetrockneter Schinken oder geräucherter Bachsaibling und Forelle.

„*Nussbutter* schmeckt köstlich, aber man muss genau aufpassen. Wenn die Butter aufschäumt und ein klein wenig zu bräunen beginnt, dann sofort in einen daneben postierten Topf umgießen. Es geht um *Sekunden,* denn ist die Butter zu dunkel, schmeckt sie bitter."

Frühlingssalat mit Ziegenkäse

Für 2 Personen:

- 1 kl. Stange Rhabarber
- 3 EL Öl (z. B. Rapskernöl)
- 2 EL Weißweinessig
- 3–4 TL Himbeer-konfitüre
- Salz • 1 Schalotte
- Pfeffer aus der Mühle
- je 50 g zarter, junger Blattspinat, Löwenzahn-salat (evtl. gebleicht) und Rauke
- 4 rosé Champignons
- 6 Radieschen
- 150 g Ziegenkäserolle
- 4 hauchdünne Scheiben Serrano-Schinken
- 1 EL Butter

Zubereitungszeit: ca. 20 Minuten, Bratzeit: ca. 4 Minuten

1. Rhabarber abspülen, putzen und in feine Scheiben schneiden. 1 EL Öl in einer Pfanne erhitzen, Rhabarber darin bei schwacher Hitze ca. 1 Minute dünsten. Essig, 2 TL Konfitüre, Salz und Pfeffer verrühren. Schalotte schälen, sehr fein hacken und mit dem übrigen Öl unter die Essigmischung rühren. Rhabarber zugeben.

2. Salate verlesen, abspülen, gut abtropfen lassen und in mundgerechte Stücke zupfen. Pilze und Radieschen putzen, abspülen und in Scheiben schneiden. Salatzutaten auf zwei großen Tellern anrichten.

3. Käse in 4 gleich dicke Scheiben schneiden, übrige Konfitüre darauf verteilen. Schinkenscheiben der Länge nach halbieren. Ziegenkäse darin einwickeln.

4. Butter in einer Pfanne erhitzen, Ziegenkäsepäckchen darin rundherum erwärmen. Salat mit dem Dressing beträufeln, Ziegenkäsepäckchen evtl. mit Pfeffer bestreuen und darauf anrichten.

Frühlingsgemüse-Eintopf

Für 2 Personen:
- 1 Zwiebel
- 400 g Rinderbrust
- 1 Lorbeerblatt
- 1 Pimentkorn
- 4 schwarze Pfefferkörner

- Salz
- 6 mittelgroße neue Kartoffeln
- 4 kleine Knollen junge Rote Bete
- 1/2 Kopf Spitzkohl

- 1 kleiner Kohlrabi
- 4 junge Möhren mit Grün
- 2–3 Stiele glatte Petersilie

Zubereitungszeit: ca. 15 Minuten, Garzeit: ca. 1 1/2 Stunden

1. Zwiebel schälen, in Spalten schneiden. Das Fleisch abspülen, mit Gewürzen, etwas Salz und Zwiebelspalten in einen Topf geben, gut mit Wasser bedeckt aufkochen. Dabei entstehenden Schaum öfter abschöpfen. Fleisch bei leicht geöffnetem Deckel bei schwacher Hitze ca. 1 Stunde weich köcheln lassen.

2. Kartoffeln gründlich abbürsten, evtl. halbieren. Gemüse abspülen, abtropfen lassen. Kohl in Stücke schneiden. Kohlrabi, Möhren und Rote Bete schälen, klein schneiden.

3. Fleisch aus dem Fond nehmen. Fond durchsieben, 600 ml Fond abmessen, in einen Topf geben und abschmecken.

4. Gemüse und Kartoffeln im Fond ca. 25 Minuten garen. Petersilie abspülen, Blättchen abzupfen, evtl. grob hacken. Fleisch in Scheiben schneiden, nochmals kurz im Eintopf erwärmen. Eintopf mit Fleisch und Petersilie anrichten.

Aufpassen bei der *Petersilie.* Gehackte verliert schnell an Aroma und schmeckt dann muffig. Also erst direkt vor dem Anrichten ans Werk gehen, überstreuen, sofort servieren.

Vincent Klink

Grünes Risotto mit Zitronen-Kräuter-Öl

Für 2–3 Personen:
- 1/2 TL fein abgeriebene, unbehandelte Zitronenschale
- 3 EL Olivenöl
- 1 Bund frische Frühlingskräuter (z. B. Kerbel, Dill, Basilikum)
- 200 g grüner Spargel
- 1 kleiner Kohlrabi
- 5 Frühlingszwiebeln
- 150 g ausgelöste Erbsen
- 1 Schalotte
- 1 Knoblauchzehe
- 1 EL Butter
- 150 g Risottoreis (z. B. Carnaroli)
- 50 ml trockener Weißwein (oder entsprechende Menge Brühe)
- ca. 600 ml Gemüsebrühe (Bio-Instant oder siehe S. 100)
- Salz
- gemahlener Pfeffer
- 20 g Parmesan am Stück

Zubereitungszeit (ohne Garzeit): ca. 20 Minuten

1. Zitronenschale und Öl verrühren. Kräuter abspülen, trockenschütteln, sehr fein hacken, evtl. mörsern und unter das Öl mischen. Spargel abspülen, holzige Enden abschneiden, Stangen evtl. im unteren Drittel schälen. Spargel klein schneiden. Kohlrabi schälen, klein schneiden. Frühlingszwiebeln putzen, abspülen und klein schneiden. Erbsen abspülen.

2. Schalotte und Knoblauch schälen, fein würfeln. Butter in einem Topf erhitzen, Knoblauch und Schalotte darin glasig dünsten. Reis und Kohlrabi zugeben und unter Wenden dünsten, bis die Körner glasig aussehen.

3. Wein angießen, Flüssigkeit unter Rühren fast verdampfen lassen. Dann gerade so viel Brühe angießen, dass der Reis knapp mit Flüssigkeit bedeckt ist. Bei schwacher Hitze unter gelegentlichem Rühren garen. Nach und nach immer gerade so viel Brühe nachgießen, dass der Reis stets knapp mit Flüssigkeit bedeckt ist. So 20–25 Minuten garen.

4. Spargel, Erbsen und Frühlingszwiebeln nach ca. 10 Minuten Garzeit vorsichtig unter das Risotto mischen. Alles bei schwacher Hitze fertig garen, bis der Reis weich ist, aber noch Biss hat.

5. Risotto mit Salz und Pfeffer abschmecken, auf Tellern anrichten. Zitronen-Kräuter-Öl überträufeln. Mit frisch gehobeltem Parmesan servieren.

Lammrücken mit Mandel-Bärlauch-Kruste

Für 2 Personen:
- 2 mittelgroße Mairübchen (Navetten)
- 1 1/2 EL Butter
- 1 TL Zucker
- Salz
- Pfeffer aus der Mühle
- 75 g geschälte Mandelkerne
- 1 Schalotte
- 1/2 Bund Bärlauch
- 2 EL Semmelbrösel
- 2 EL fein geriebener Parmesan
- 1 Eigelb
- 300 g ausgelöster Lammrücken
- 1 EL Butterschmalz
- 2 EL Weißweinessig
- 1/2 TL Rapshonig
- 2 EL Bärlauchöl
- 75 g Brunnenkresse

Zubereitungszeit: ca. 25 Minuten, Garzeit: ca. 10 Minuten

1. Rübchen putzen, abspülen und in ca. 1/2 cm dicke Scheiben schneiden. 1 EL Butter in einer Pfanne erhitzen, 1 TL Zucker einstreuen und schmelzen lassen. Rübchen einlegen und kurz darin karamellisieren, würzen und abkühlen lassen.

2. Mandeln grob hacken und rösten. Schalotte schälen, fein hacken und in 1 TL Butter glasig dünsten. Bärlauch abspülen, trockentupfen und fein hacken. Mit Mandeln, Schalotte, Semmelbröseln, Parmesan, etwas Pfeffer und Eigelb mischen.

3. Backofen auf 200 Grad (Umluft: 180 Grad/Gasherd: Stufe 3) vorheizen. Fleisch abspülen, trockentupfen und mit Salz und Pfeffer würzen. Butterschmalz erhitzen, Fleisch darin rundherum kräftig anbraten. Fleisch in eine flache Auflaufform legen, die Bärlauchkruste darauf verteilen, leicht andrücken. Im heißen Ofen ca. 10 Minuten überkrusten.

4. Für das Dressing Essig, Honig, Salz und Pfeffer verquirlen, Öl darunter schlagen. Brunnenkresse abspülen, abtropfen lassen, verlesen und mit dem Dressing mischen. Fleisch aufschneiden, mit Kresse und z. B. kross gebratenen Kartoffelscheiben anrichten.

„Selbst gemachtes *Bärlauchöl* ist ein Gedicht. 5–6 Stiele Bärlauch in Streifen schneiden, mit 1/2 l qualitativ gutem Olivenöl in einer Flasche 2 Tage ziehen lassen, durch ein Sieb in eine saubere Flasche umfüllen. Sie können auch normales Pflanzenöl verwenden. Es ist aber wie so oft: Billiger ist meist nicht besser."

Rhabarber-Clafoutis mit Vanille-Waldmeister-Sauce

Für 2–3 Personen:

Für die Sauce:
- 1 kleines Sträußchen Waldmeister (Labkraut)
- 150 ml Milch
- 100 ml Sahne
- Mark einer halben Vanilleschote
- 2 extrafrische Eigelb
- 20 g Zucker

Für das Clafoutis:
- 250 g Rhabarber
- 40 g Zucker
- 1/2 TL unbeh. Limettenschale
- 2 Eier
- 1 Prise Salz
- 75 ml Milch
- 3 EL Mehl
- 2 EL Amaretti-Kekse

Zubereitungszeit: ca. 25 Min. (ohne Wartezeit), Backzeit: ca. 25 Minuten

1. Waldmeister antrocknen lassen. Milch und Sahne in einem Topf mischen. Waldmeister darin ca. 2 Stunden ziehen lassen.

2. Für das Clafoutis Rhabarber abspülen, putzen und in kleine Stücke schneiden. Mit 1 gestrichenen EL Zucker und Limettenschale mischen und Saft ziehen lassen.

3. Backofen auf 180 Grad (Umluft 160 Grad/Gasherd: Stufe 2–3) vorheizen. Eier trennen. Eiweiß und 1 Prise Salz steif schlagen. Eigelb, Milch und Rest Zucker kurz aufschlagen, Mehl untermischen.

4. Rhabarber abtropfen lassen, Flüssigkeit auffangen. Zwei kleine ofenfeste Formen oder z. B. Pfännchen (ø à ca. 15 cm) fetten. Eischnee unter den Teig heben, in die Formen füllen. Rhabarber darauf verteilen. Kekse zerbröseln, darüber streuen. Im heißen Ofen ca. 25 Minuten goldbraun backen.

5. Waldmeister aus der Milchmischung entfernen. Vanillemark zugeben und kurz aufkochen, 10 Minuten ziehen lassen. Eigelb und Zucker hellcremig aufschlagen, Waldmeister-Vanille-Milch unter Rühren zugießen. Mischung in einem kleinen Topf unter Rühren erhitzen, bis die Sauce dicklich wird.

6. Clafoutis herausnehmen, mit dem Rhabarberfruchtsaft beträufeln, noch warm mit der Sauce und evtl. Puderzucker anrichten.

Panna cotta mit Holunder-sirup und Erdbeeren

Für 2 Personen:

- 65 g Zucker
- Saft und etwas Schale einer halben unbehandelten Zitrone
- ca. 10 Holunderblüten-dolden
- 2 Blatt Gelatine
- 1/2 Vanilleschote
- 1/4 l Sahne
- 300 g Erdbeeren
- 1 TL Zucker

Zubereitungszeit (o. Warte- u. Abkühlzeit): ca. 20 Minuten

1. 40 g Zucker, Zitronensaft und -schale sowie 6 EL Wasser kurz aufkochen, abkühlen lassen. Blütendolden einlegen (Stängel sollten nicht in der Flüssigkeit sein) und ca. 3–4 Tage an einem kühlen Ort durchziehen lassen.

2. Blütendolden aus der Flüssigkeit entfernen. Sirup bei starker Hitze etwas einkochen lassen. Gelatine in kaltem Wasser einweichen. Vanilleschote längs aufschneiden, Mark herausschaben. Sahne, Sirup, Schote und Vanillemark in einem Topf bei schwacher Hitze ca. 5 Minuten köcheln lassen.

3. Topf vom Herd ziehen. Gelatine ausdrücken und unter Rühren in der Sahne auflösen. Sahne in zwei kleine Schälchen füllen und zugedeckt, am besten über Nacht, kühl stellen.

4. Erdbeeren abspülen, putzen, klein schneiden und mit Zucker vorsichtig mischen, kurz ziehen lassen.

5. Panna cotta z. B. auf Dessertschälchen stürzen, mit Erd-beeren, evtl. Holunderblüten und Zitronenmelisse anrichten.

„Der Duft der *Holunderblüten* ist wirklich betörend, eigentlich nur mit Duftrosen zu vergleichen. Bei Zitronen wird es schwieriger, fast alle schmecken nicht optimal. Deshalb versuche man mal *Bio-Zitronen* mit Blättern dran. Der Unterschied ist eklatant."

Vincent Klink

Der Kräutergarten

Nichts geht in der Küche über die Aromen von frischem Grün. Es selbst zu ziehen lohnt sich. Worauf es ankommt

Vieles spricht für die ausdrucksstarken Pflänzchen: Wer seine Gerichte mit Kräutern würzt, verleiht ihnen eine individuelle Note. Zudem braucht man weniger Salz, da die grünen Kraftpakete natürliche Geschmacksverstärker sind. Und wegen ihres hohen Gehalts an *Mineralstoffen und Vitaminen* leisten sie außerdem einen wichtigen Beitrag zur gesunden Ernährung und beugen sogar Herz- und Kreislauferkrankungen vor. Eine Wirkung haben sie in jedem Fall, so probiere man mal einen Teeaufguss mit frischem Salbei, wenn der Hals sich allzu trocken anfühlt. Voraussetzung ist allerdings, man hat die *Pflegeanleitung* befolgt. Damit die wertvollen Inhaltsstoffe erhalten bleiben, sollten Kräuter in frischem Zustand verwendet werden. Waschen Sie sie unzerkleinert und nur, wenn es wirklich nötig ist. Anschließend nicht zu fein hacken, das zerstört die ätherischen Öle. Dann sollten sie sofort zum Einsatz kommen. Einige Kräuter, wie z.B. Dill und Fenchelkraut, verlieren erhitzt jegliche Raffinesse, gut behaupten tut sich dagegen in warmen Saucen Thymian. Auch Rosmarin darf mit in die Pfanne oder den Ofen.

Kräuter für die Fensterbank: Kräuter selbst zu ziehen ist gar nicht schwer. Für die meisten Sorten genügt ein heller Standort. Manche von ihnen, etwa verschiedene Basilikumarten, Majoran, Oregano und Koriander, entwickeln sich hier sogar besser als im Freien. Im Töpfchen gekaufte Pflanzen sollten gleich in größere Blumentöpfe umgepflanzt werden. Für mediterrane Kräuter sind Tontöpfe ideal, sie saugen Feuchtigkeit gut auf und halten trotzdem die Erde trocken. Für unsere heimischen Kräuter sind Plastikgefäße besser, in ihnen bleibt die Erde länger feucht. Das bevorzugen sogar auch Basilikum und Koriander. *Für die Erde* hat Peter Berg, Gärtnermeister aus dem biologisch-dynamischen Landbau in Binzen, folgenden Tipp: „Die Kräuter haben eine bessere Grundlage, wenn unter die Topferde etwas Erde von einem Maulwurfshügel gemischt wird." Im Winter bei wenig Licht bilden die Pflanzen dünne, weiche Triebe, die sofort gekürzt und verwendet werden sollten.
Der perfekte Boden im Garten: Heimische mögen ein lockeres, leicht tonhaltiges Erdreich, nicht zu trocken, aber auch nicht staunass. Für mediter-

am besten nach Osten oder Westen ausgerichtet werden. *Mediterrane und exotische* wie Thymian, Rosmarin, Salbei, Knoblauch oder Thai-Basilikum sollten reichlich Sonne abbekommen. Je zarter die Pflanze, desto windgeschützter muss sie stehen. Robuste Kräuter wie Rosmarin oder Lavendel vertragen auch luftige Standorte und brauchen reichlich Platz. Einige wie Borretsch, Ananassalbei, Kapuzinerkresse, Rosmarin und Lavendel sorgen nebenbei auch für *optische Highlights* in jedem Ziergarten. Etwas Vorsicht ist bei Minzesorten geboten, sie wuchern stark mit unterirdischen Ausläufern. Grundsätzlich gilt: alle Kräuter locker verteilen, damit sich die Pflanzen nicht gegenseitig Licht und Wasser nehmen.

Wichtig bei der Kräuterernte:

Der Morgen ist der beste Zeitpunkt, dann stehen die Pflanzen voll im Saft und bleiben auch länger frisch. Immer eine Schere verwenden, beim Abzupfen werden Blätter und Zweige zu sehr gequetscht. Bei sich stark verzweigenden Kräutern wie Estragon am besten ganze Triebe abschneiden. Lassen Sie noch ein Stück *Stängel mit Blättern* stehen, dann bildet die Pflanze an der Stelle neue, kräftige Triebe. Kräuter, die getrocknet werden sollen, haben ihr intensivstes Aroma immer kurz vor oder sogar während der Blüte. Bei aller Kräuterliebe gilt, Maß in der Dosierung zu halten, denn Kräuter sind weniger mild, als man denkt. Auch nicht zu viele miteinander kombinieren. Sonst schmeckt am Ende jedes Gericht gleich, und dahin ist die würzige Vielfalt.

rane Kräuter, außer Basilikum, kann der Boden nicht locker genug sein. Je trockener, desto mehr Aromen entwickeln sich. Auch beim *Nährstoff* gibt es Unterschiede: Besonders viel Dünger brauchen Basilikum, Dill, Petersilie, Schnittlauch und Kapuzinerkresse. Auf mageren Böden kommen dagegen Oregano, Thymian, Rosmarin und Lavendel bestens zurecht. Deshalb beim Kauf darauf achten, welche Kräuter miteinander *harmonieren,* und den gleichen Boden bevorzugen, dann werden Sie nicht enttäuscht.

Kräutervielfalt im eigenen Garten:

Die meisten Pflanzen brauchen Sonne, um ihr würziges Aroma zu entfalten. *Heimische Kräuter* wie Petersilie, Schnittlauch, Kerbel und Dill sollten

Kochen im Sommer

Bruschetta-Mix

Für 2–3 Personen:
- 150 g dicke Bohnenkerne
- Meersalz (Fleur de sel)
- 150 g frische Steinpilze
- 300 g junger Spinat
- 2–3 EL Sahne
- Pfeffer aus der Mühle

- 2–3 Stiele Basilikum
- 2 Schalotten
- 20 g Frühstücksspeck
- 2 1/2 EL Butter
- etwas frischer Thymian
- 2 EL Balsam-Essig
- 1/2 TL Zitronenschale

- 2 Knoblauchzehen
- 4–6 große Scheiben Holzofenbrot
- 4–5 TL Olivenöl
- 50 g Ziegenfrischkäse
- 2–3 EL frisch gehobelter Parmesan

Zubereitungszeit: ca. 45 Minuten

1. Bohnen in leicht gesalzenem Wasser ca. 12 Minuten garen. In der Zeit Pilze putzen und sehr fein würfeln. Spinat verlesen, gründlich abspülen und abtropfen lassen. Bohnen abgießen, etwas abkühlen lassen und aus den Hülsen lösen. Bohnen und Sahne pürieren, mit Salz und Pfeffer abschmecken. Basilikum abspülen, in feine Streifen schneiden, untermischen. Schalotten schälen, fein würfeln. Speck in feine Streifen schneiden, mit Hälfte der Schalotten und 1 TL Butter in einer Pfanne knusprig braten, herausnehmen.

2. In der Pfanne 1 EL Butter erhitzen. Pilze, restliche Schalotten und Thymian darin bei mittlerer Hitze braten, 1 EL Essig zugeben, würzen und weiterbraten, bis die Flüssigkeit fast ganz verdampft ist. Aus der Pfanne nehmen.

3. In der Pfanne 1 EL Butter erhitzen, Spinat darin unter Wenden zusammenfallen lassen. Spinat abtropfen lassen und mit Salz, Pfeffer und Zitronenschale würzen. Kurz beiseite stellen.

4. Eine Grillpfanne (oder normale Pfanne) erhitzen. Knoblauch schälen, halbieren. Brot in Stücke schneiden und mit dem Knoblauch abreiben. In der Pfanne knusprig rösten, mit Olivenöl beträufeln und Bohnenpüree, Spinat und Pilze darauf verteilen. Ziegenkäse zerbröckeln, auf den Pilzen anrichten. Parmesan auf dem Spinat anrichten und Speckmischung auf dem Bohnenpüree verteilen.

Gurkenkaltschale mit Lachs

Für 2 Personen:
- 400 g Salatgurke
- 3 EL Limettenöl
- je 1/2 Bund glatte Petersilie, Dill und Basilikum
- 100 g Joghurt
- 150 g Kefir
- 2–3 TL Zitronensaft
- Salz
- Pfeffer aus der Mühle
- 1 Prise Zucker
- evtl. 1 Hand voll Brunnenkresse
- 100 g heiß geräucherter Lachs (da Bio-Lachs nicht immer und überall zu finden ist, passt auch Saibling oder geräucherte Lachsforelle)

Zubereitungszeit (ohne Kühlzeit): ca. 15 Minuten

1. Gurke schälen, längs halbieren und die Kerne mit einem Teelöffel herausschaben. Gurke in Stücke schneiden, mit 2 EL Öl in einen hohen Mixbecher oder Mixer geben. Kräuter abspülen, trockenschütteln und die Blättchen abzupfen. Kräuter zur Gurke geben und alles fein pürieren.

2. Gurkenpüree, Joghurt und Kefir glatt verrühren. Mit Zitronensaft, Salz, Pfeffer und Zucker würzig abschmecken und gut durchkühlen lassen.

3. Kaltschale in tiefe Teller verteilen. Ggf. Brunnenkresse verlesen, abspülen und trockenschütteln. Lachs in Stücke zupfen bzw. in feine Streifen schneiden und mit der Brunnenkresse auf der Kaltschale anrichten. Z. B. mit geröstetem Pumpernickel anrichten.

Limettenöl gibt Gerichten ein exotisch-frisches Aroma. Ich mache meins selber: dafür die Schale einer Bio-Limette spiralförmig abschälen, mit 1/2 l kaltgepresstem Öl (z.B. Olive, Raps, Sonnenblume) in einer Flasche licht- und luftgeschützt ca. 1 Woche ziehen lassen. Dann durch ein Sieb in eine saubere Flasche umfüllen."

Hähnchenfilet mit Pilz-Kräuter-Füllung

Für 2 Personen:
- 300 g kleine neue Kartoffeln
- 200 g junge Möhren
- 2 EL Olivenöl
- 1–2 kleine Zweige Rosmarin
- Salz
- Pfeffer aus der Mühle
- 175 g Pfifferlinge (ersatzweise rosé Champignons)
- 1 Schalotte
- 3 EL Butter
- 1/2 TL fein abger., unbeh. Zitronenschale
- 4 EL weißer Portwein
- 2 mittelgroße Zucchini
- 2 Hähnchenbrustfilets
- 1/2 Bund glatte Petersilie

Zubereitungszeit: ca. 50 Minuten

Backofen auf 180 Grad (Umluft: 160 Grad/Gasherd: Stufe 2–3) vorheizen.

1. Kartoffeln und Möhren gründlich abbürsten oder dünn schälen. Kartoffeln evtl. halbieren, Möhren in grobe Stücke schneiden. Mit Öl, 1 Zweig Rosmarin, Salz und Pfeffer in einer großen Auflaufform mischen. Im heißen Ofen ca. 20 Minuten schmoren.

2. Inzwischen Pilze putzen, 100 g beiseite legen. Schalotte schälen, diese und 75 g Pilze sehr fein würfeln und in 1 EL Butter anbraten. Mit 1 Zweig Rosmarin, Zitronenschale und Portwein schmoren, bis die Flüssigkeit ganz verdampft ist. Mit Salz und Pfeffer würzen. Etwas abkühlen lassen.

3. Zucchini abspülen, putzen und in grobe Stifte schneiden. Filets abspülen, trockentupfen, seitlich jeweils eine tiefe Tasche einschneiden, würzen. Pilzmischung einfüllen, evtl. mit Holzspießen zustecken. Rest Butter erhitzen. Filets, Zucchini und übrige Pilze darin rundherum kräftig anbraten, mit grobem Pfeffer würzen. Dann zum Gemüse in den Backofen geben. Alles weitere ca. 15–20 Minuten garen.

4. Petersilie abspülen, trockenschütteln und hacken. Kartoffeln, Möhren und Hähnchen mit Petersilie anrichten.

Hähnchenfleisch kann schnell trocken werden, da hilft nur eins: nach zehn Minuten Garzeit im Ofen alle zwei Minuten mit dem Finger testen, ob das Fleisch schon fest ist. Dann sofort Hitze reduzieren und bei ca. 70 Grad nur noch drei Minuten *entspannen* lassen.

Zanderfilet mit Erbspüree und Blumenkohl

Für 2 Personen:

- 500 g Erbsen in Schoten
- 1 mittelgroße Kartoffel
- 1 Schalotte
- 2 Zweige Estragon
- 3 EL Butter
- 150 ml Sahne
- Salz
- Pfeffer aus der Mühle
- 1/2 kleiner Blumenkohl
- 1/2 unbehandelte Zitrone
- 2–4 Stiele Pimpinelle
- 100 ml halbtrockener Weißwein
- 2 küchenfertige Zanderfilets ohne Haut (à ca. 150 g)
- 1 TL Sesam
- 2 EL Semmelbrösel
- ger. Muskatnuss
- evtl. grob zerstoßene rote Pfefferbeeren

Zubereitungszeit: ca. 35 Minuten

1. Erbsen aus den Schoten lösen, abspülen, abtropfen lassen. Kartoffel und Schalotte schälen, grob würfeln. Estragon abspülen. 1 EL Butter in einem Topf erhitzen, Schalotte und Kartoffel darin andünsten. Estragon und Erbsen zugeben. Sahne angießen, mit Salz und Pfeffer würzen und ca. 10 Minuten bei schwacher Hitze zugedeckt köcheln lassen.

2. Blumenkohl in Röschen teilen, in wenig leicht gesalzenem Wasser zugedeckt ca. 10 Minuten weich dünsten.

3. Zitrone abspülen und in Scheiben schneiden. Pimpinelle abspülen und trockentupfen. Zitronenscheiben, Wein und 1 EL Butter in einer beschichteten Pfanne einmal kurz aufkochen. Filets abspülen, trockentupfen, mit Salz und Pfeffer würzen, Pimpinelle darauflegen und auf die Zitronenscheiben legen. Zugedeckt bei schwacher Hitze ca. 4–6 Minuten ziehen lassen.

4. Blumenkohl abtropfen lassen. Übrige Butter in einer weiteren Pfanne erhitzen, Sesam und Semmelbrösel darin knusprig rösten, salzen. Blumenkohl in der Butter schwenken.

5. Estragon aus den Erbsen entfernen, Flüssigkeit evtl. noch etwas einkochen. Erbsen und Kartoffel in der Flüssigkeit fein pürieren, mit Salz, Pfeffer und Muskat abschmecken. Filets evtl. mit roten Pfefferbeeren, Püree und Blumenkohl anrichten.

Obwohl *gefrorene* Erbsen wirklich nicht zu verachten sind – die frisch ausgebrochenen haben einen viel intensiveren Geschmack. Mit ein wenig Liebstöckel lässt sich eine interessante Variante herstellen.

Sommergemüse zu gegrilltem Nackensteak

Für 2 Personen:

- 2 Schweinenacken-steaks mit Knochen (à ca. 175 g)
- 1 Lorbeerblatt
- 1 TL getrockneter Oregano
- 1 Messerspitze grob geschroteter Chili
- 5 EL Olivenöl
- 1 TL flüssiger Honig (z. B. Thymianhonig)
- 350 g Brokkoli
- Salz
- 1 Aubergine
- 1 rote Paprika
- 1 Fleischtomate
- 2 rote Zwiebeln
- 2 Knoblauchzehen
- 1/2 Bund Salbei
- Pfeffer aus der Mühle
- 2–3 TL Balsam-Essig

Zubereitungszeit (ohne Marinierzeit): ca. 35 Minuten

1. Fleisch abspülen, trockentupfen und in eine flache Schale legen. Lorbeer, Oregano und Chili mörsern, mit 1 EL Öl und Honig mischen. Fleisch mit der Würzmischung bestreichen. Ca. 2 Stunden marinieren.

2. Brokkoli putzen, in Röschen teilen, in wenig Salzwasser zugedeckt ca. 2 Minuten dünsten, abtropfen lassen. Auber-gine, Paprika, Tomate, Zwiebeln und Knoblauch putzen bzw. schälen und z. B. in Scheiben, Spalten oder grobe Stücke schneiden. Salbei abspülen und gründlich trockentupfen.

3. In einer Pfanne 3 EL Öl erhitzen, Knoblauch und Zwiebeln darin anbraten, Aubergine und Paprika zugeben und alles unter Wenden 3–4 Minuten braten. Tomate und Brokkoli untermischen, mit Salz und Pfeffer würzen.

4. Gemüse z. B. auf einer Grillschale auf dem heißen Grill oder auf dem Backblech im heißen Backofen (180 Grad/ Umluft: 160 Grad/Gasherd: Stufe 2–3) weitere ca. 6–8 Minuten grillen bzw. schmoren.

5. Fleisch auf dem heißen Grill oder in einer Grillpfanne unter Wenden ca. 6–8 Minuten knusprig braun braten, mit Salz und Pfeffer würzen. Übriges Öl in der Pfanne erhitzen, Salbei darin kurz knusprig braten. Auf Küchenpapier abtropfen lassen und salzen.

6. Gemüse nochmals mit Salz und Pfeffer würzen, vor dem Anrichten Balsam-Essig darüber träufeln. Steaks und Gemüse mit Salbei anrichten.

Basilikum-Butterbohnen und Frikadellen

Für 2 Personen:
- 2–3 Stiele Bohnenkraut
- 500 g grüne Bohnen
- Salz
- 1 EL getrocknete Steinpilze
- 3 EL kernige Haferflocken
- 1/2 Bund Lauchzwiebeln
- 1/2 TL getr. Thymian
- 300 g mageres Rinderhackfleisch
- 1 Ei (Gr. S)
- Pfeffer aus der Mühle
- 1 TL Senf
- 2 EL Butterschmalz
- 1 Fleischtomate
- je 1 EL Butter und Olivenöl
- je 2–3 Stiele Basilikum und Zitronenmelisse
- 1–2 EL weißer Balsam-Essig
- 1 Prise Zucker

Zubereitungszeit: ca. 40 Minuten

1. Bohnenkraut abspülen. Bohnen putzen, abspülen, evtl. in Stücke brechen. Mit Bohnenkraut, etwas Salz und wenig Wasser zugedeckt ca. 15 Minuten dünsten. Bohnen abgießen und abtropfen lassen.

2. Pilze grob mörsern bzw. mahlen, mit Haferflocken und 2 EL heißem Wasser mischen, quellen lassen. Lauchzwiebeln putzen, abspülen und abtropfen lassen. 1 Lauchzwiebel sehr fein hacken. Mit Thymian, Hackfleisch, Ei, Salz, Pfeffer, Senf, Haferflocken und Pilzen glatt verkneten. Frikadellen daraus formen. Butterschmalz in einer Pfanne erhitzen, Frikadellen darin unter Wenden knusprig braun braten.

3. Tomate abspülen, putzen und in grobe Würfel schneiden. Übrige Lauchzwiebeln klein schneiden. Butter und Öl in einer weiteren Pfanne erhitzen, Bohnen und Zwiebeln darin unter Wenden anbraten, Tomate zugeben, würzen und alles ca. 5 Minuten braten.

4. Kräuter abspülen, in feine Streifen schneiden und unter die Bohnen mischen. Bohnengemüse mit Essig, Salz, Pfeffer und 1 Prise Zucker abschmecken. Frikadellen und Bohnen anrichten. Dazu passen kleine Röstkartoffeln oder knuspriges Baguette.

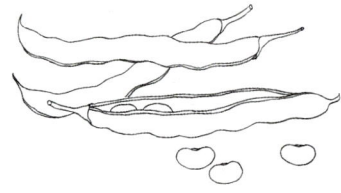

Stachelbeer-Crumble mit Honig-Joghurt-Creme

Für 2 Personen:
- 75 g Butter
- 150 g Mehl
- 1 Vanilleschote
- 60 g Zucker

- 1 Prise Salz
- 1/2 TL fein abgeriebene, unbeh. Zitronenschale
- 3 EL abgezogene Mandelkerne

- 400 g Stachelbeeren
- 1/2 TL Zitronenthymian-blättchen
- 3 EL flüssiger Honig
- 150 g Rahmjoghurt

Zubereitungszeit (ohne Wartezeit): ca. 15 Minuten, Backzeit: ca. 20 Minuten

1. Butter schmelzen. Mehl (bis auf 1 EL), Mark der Vanille, 40 g Zucker, Salz und Zitronenschale in einer Rührschüssel mischen. Butter im dünnen Strahl zugießen und alles mit den Knethaken des Handrührgerätes zu Streuseln verarbeiten. Übriges Mehl darüber stäuben und alles durchschütteln. Streusel ca. 30 Minuten kalt stellen.

2. Backofen auf 200 Grad (Umluft: 180 Grad/Gasherd: Stufe 3) vorheizen. Mandeln grob hacken. Stachelbeeren verlesen, abspülen, abtropfen lassen und putzen. Beeren in eine kleine Auflauf- oder Tarteform geben, Rest Zucker überstreuen. Streusel und Mandeln darauf verteilen. Im heißen Ofen ca. 20 Minuten knusprig backen.

3. Thymian fein hacken bzw. mörsern, mit dem Honig und Joghurt mischen. Crumble herausnehmen. Honig-Joghurt-Creme dazu reichen.

Sommerfrüchtesalat mit Mascarponecreme

Für 2 Personen:
- Saft und Schale einer unbehandelten Limette
- 2–3 EL Zucker
- 2 kleine Pfirsiche

- 100 g Süßkirschen
- 300 g Sommerbeeren (z. B. Brombeeren, Heidelbeeren, Himbeeren, Erdbeeren)

- 75 g Mascarpone
- 75 g Magerquark
- 75 g Sahne

Zubereitungszeit: ca. 15 Minuten

1. 2 EL Limettensaft und 1 EL Zucker verrühren. Pfirsiche evtl. schälen, entsteinen und in Spalten schneiden. Kirschen abspülen, entstielen und entsteinen. Beeren verlesen, ggf. abspülen und abrebeln. Früchte und gezuckerten Limettensaft mischen, kurz ziehen lassen.

2. Mascarpone und Quark glatt verrühren. Mit Rest Zucker, Limettensaft und -schale abschmecken. Sahne steif schlagen und unterziehen. Mascarpone-Limetten-Creme und Obstsalat anrichten.

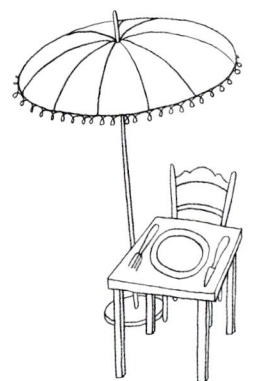

Etwas leichter wird es, wenn man die Mascarpone durch *Joghurt* ersetzt und den Zucker weglässt. Das ist auch ganz nach meinem Geschmack.

Wie viel Bio steckt in Bio drin?

Und auf welche Bezeichnungen kann man sich wirklich verlassen? Das Wichtigste im Überblick, um sicherer einkaufen zu können

Auf immer mehr Produkten prangt das europäische **Bio-Siegel.** Es versichert, dass die Lebensmittel nach den Regeln der **EG-Verordnung** über den ökologischen Landbau produziert wurden. Diese stellt einheitliche Mindestanforderungen an die Verarbeitung und Erzeugung von Rohstoffen und Lebensmitteln, die mit dem Hinweis auf biologische oder ökologische Anbauweise beworben werden. Das internationale Siegel „IFOAM" bürgt weltweit für die korrekte Öko-Produktion.

DEUTSCHE ANBAUVERBÄNDE

Schon lange vor dem Erlass der EG-Öko-Verordnung hatten sich Bio-Bauern zu Verbänden zusammengeschlossen und sich eigene feste Erzeugerregeln gesetzt. In Deutschland sind es mit dem **Biokreis, Bioland, Biopark, Ecoland, Demeter, Gäa e.V, Ecovin** und **Naturland** (s. rechts unten) zurzeit acht. Ihre Richtlinien gehen in vielen Punkten über die EU-Kriterien hinaus, was die Erzeugung aufwändiger und die Produkte dadurch teurer macht. Hauptunterschied ist, dass diese Verbände erlaubte Zusatzstoffe noch weiter einschränken und bestimmte Herstellungsverfahren, die Lebensmittel zu stark beeinflussen, verbieten.

WER KONTROLLIERT DIE BAUERN?

In Deutschland gibt es 20 private Kontrollstellen, die zusätzlich von staatlichen Kontrollbehörden der Bundesländer überwacht werden. Kontrolliert werden alle Verarbeitungsstufen, was z. B. bei der Brotherstellung den Getreidebauern, die Mühle und den Bäcker mit einschließt. **Kontrollen finden mindestens einmal jährlich nach Vorankündigung statt.** Zusätzlich können auch unangekündigte Kontrollen stattfinden. Der Landwirt muss alle seine Handlungen, auch Ein- und Verkäufe, dokumentieren. So kann der Kontrolleur neben der Einhaltung der EG-Öko-Verordnung auch die Fruchtfolge überprüfen und sicherstellen, dass der Bauer nicht mehr Bio-Produkte verkauft, als er erzeugen kann. Ist der Bauer oder Verarbeiter auch Mitglied eines Anbauverbandes, wird die Einhaltung der Verbandsrichtlinien ebenfalls mitkontrolliert.

Vincent Klink kauft am liebsten bei Obst- und Gemüsehändlern ein, die genau wissen, woher ihr Produkt stammt

Verstöße können mit Geldbußen, aber auch mit Freiheitsstrafen geahndet werden.

WORAUF SOLL ICH ACHTEN?

Auf der Verpackung muss die Codenummer (z. B. DE-007-Öko-Kontrollstelle) und/oder der Name der zuständigen Kontrollstelle vermerkt sein. **Die Worte „Bio" und „Öko" stehen unter dem Schutz der EG-Öko-Verordnung.** Begriffe wie „biologisch", „ökologisch", „aus biologischem Anbau", „ökologischer

Landbau" etc. dürfen nur benutzt werden, wenn 95 Prozent der Zutaten aus ökologischem Landbau stammen. Ähnlich lautende Formulierungen wie „aus kontrolliertem Anbau", „von staatlich anerkannten Bauernhöfen", „unter unabhängiger Kontrolle", „aus integrierter Landwirtschaft", „ungespritzt" oder „aus umweltschonendem Anbau" etc. haben mit Bio-Produkten nichts zu tun.

Die Begriffe „naturrein" bzw. „natürlich" bedeuten lediglich, dass die Lebensmittel keine Zusatzstoffe, Rückstände von Pflanzenschutz- oder Tierarzneimitteln enthalten und nicht bestrahlt wurden.

Bei Fisch gehen viele davon aus, sie seien von Haus aus Bio. Doch durch Überfischung kommen beliebte Sorten wie Lachs, Forelle, Dorade oder Aal häufig aus Aqua-Kulturen, die u. a. mit Antibiotika und Wachstumshormonen versorgt werden. **Inzwischen gibt es Bio-Fisch aus kontrollierter Aqua-Kultur nach ökologischen Richtlinien,** allerdings ohne EU-Bio-Siegel, weil die nötigen gesetzlichen EU-Regelungen fehlen. Dazu zählen u. a. Garnelen, Kabeljau, Lachs, Zander, Pangasius, Loup de Mer und Bachforelle. Kaum ein Lebensmittel wird so gründlich kontrolliert wie das aus ökologischem Anbau.

Diese deutschen Verbände garantieren höchste Bio-Qualität

Kochen im Herbst

Rote-Bete-Carpaccio mit Tomaten-Vinaigrette

Für 2 Personen:
- 2 mittelgroße Rote Bete
- Salz
- 1 Tomate
- 1 kleines Stück frischer Meerrettich (ca. 4 cm)
- 2 EL weißer Balsam-Essig
- 1/2 TL Honig
- Pfeffer aus der Mühle
- 2–3 EL Walnussöl
- 1 Zweig frischer Majoran
- 4 Champignons

Zubereitungszeit: ca. 15 Minuten, Garzeit: ca. 40 Minuten

1. Rote Bete evtl. abbürsten, putzen und in leicht gesalzenem Wasser zugedeckt ca. 30–40 Minuten garen.

2. Tomate abspülen, putzen, evtl. entkernen und sehr fein würfeln. Meerrettich schälen, fein reiben und ca. 1 TL davon sofort mit Essig, Honig, Salz, Pfeffer und Öl verquirlen. Majoran abspülen, trockentupfen und die Blättchen abzupfen, Majoran grob hacken und mit den Tomaten unter die Vinaigrette rühren.

3. Rote Bete etwas abkühlen lassen, schälen und in sehr feine Scheiben schneiden bzw. hobeln. 2 Teller mit den Scheiben auslegen. Pilze putzen und in feine Scheiben schneiden, auf den Rote-Bete-Scheiben anrichten. Tomaten-Vinaigrette darüber träufeln. Z. B. mit Vollkorn-Grissini anrichten.

„Ein für alle Mal: niemals *kühlschrankkalte* Tomaten verwenden. Im Gegenteil, sie werden süßer, je wärmer man sie serviert. Lauwarmer Tomatensalat ist zum Beispiel auch genau mein Ding."

Kartoffel-Gemüse-Eintopf mit Walnuss-Pesto

Für 2 Personen:
- 1 Zwiebel
- 1 kleines Bund Suppengemüse
- 400 g mehlig kochende Kartoffeln
- 5 EL Rapsöl
- 1 EL Butter
- 600 ml Gemüsebrühe (Bio-Instant o. s. S. 100)
- 100 g Sahne
- Salz
- Pfeffer aus der Mühle
- 50 g Walnusskernhälften
- 1/2 Bund glatte Petersilie
- 1 Knoblauchzehe
- 20 g frisch geriebener Parmesan

Zubereitungszeit: ca. 35 Minuten

1. Zwiebel schälen und fein würfeln. Suppengemüse putzen bzw. schälen. Sellerie, Möhre, Petersilienwurzel und Lauchstange in feine Würfel schneiden. Kartoffeln schälen und ebenfalls in feine Würfel schneiden.

2. 1 EL Öl und Butter erhitzen. Vorbereitetes Gemüse, Zwiebel und Kartoffeln darin andünsten. Mit Brühe und Sahne ablöschen, alles mit Salz und Pfeffer würzen. Zugedeckt ca. 20 Minuten köcheln lassen.

3. Nüsse in einer Pfanne ohne zusätzliches Fett rösten. Petersilie abspülen, trockenschütteln und die Blättchen abzupfen. Knoblauch schälen und grob hacken. Mit Nüssen und Petersilie in einen Mixer geben und fein pürieren, dabei nach und nach 4 EL Öl untermixen. Käse und evtl. 1–2 TL heiße Brühe (aus dem Gemüsefond) untermischen, abschmecken.

4. Kartoffeln und Gemüse im Fond nochmals abschmecken. Eintopf mit Pesto anrichten. Dazu passt herzhaftes Holzofenbrot.

Kross gebratene Forelle auf Karamell-Rahmkraut

Für 2 Personen:

- 1 Schalotte
- 2 EL Butter
- 1 EL Zucker
- 350 g frisches Sauer-kraut (aus dem Fass)
- Salz
- Pfeffer aus der Mühle
- 150 g Sahne
- 1 Lorbeerblatt
- 2 Stück (à ca. 150 g) küchenfertig vor-bereitete Forellenfilets mit Haut
- 2 EL Öl

Zubereitungszeit: ca. 30 Minuten

1. Schalotte schälen und fein würfeln. In 1 EL Butter glasig dünsten, Zucker überstreuen und schmelzen lassen. Sauer-kraut zugeben und kurz mit andünsten, mit Salz und Pfeffer würzen. Mit Sahne ablöschen, Lorbeer zugeben. Rahmkraut bei schwacher Hitze zugedeckt ca. 20 Minuten schmoren.

2. Filets abspülen, trockentupfen und mit Salz und Pfeffer würzen. Rest Butter und Öl in einer Pfanne erhitzen, Filets darin zuerst auf der Hautseite ca. 3–4 Minuten kross anbraten, dann wenden und nur noch ca. 1/2 Minute nachgaren lassen.

3. Rahmkraut nochmals mit Salz und Pfeffer abschmecken. Mit den Forellenfilets anrichten. Dazu passen z. B. Kartoffel-reibekuchen oder Salzkartoffeln.

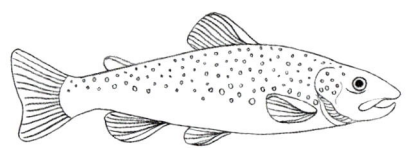

„Sauerkraut zu Fisch ist im Elsass eine *Spezialität*. Eine Köstlichkeit ist es nur, wenn man das Kraut nicht zu lange kocht, so dass es einen frischen, eleganten Charakter behält. Aufgewärmtes Kraut ist allemal für Kasseler Rippchen in Ordnung."

Vincent Klink

Kürbiseintopf mit Kokos-Garnelen

Für 2 Personen:
- 400 g Hokkaido-Kürbis
- 250 g Pastinaken
- 1 kleine Zwiebel
- 1 Knoblauchzehe
- 1 Stück frischer Ingwer
- 3 EL Sonnenblumenöl

- 1 TL Tomatenmark
- Salz, Pfeffer
- mildes Currypulver
- je 1 Prise gemahlener Piment, Chili und Zimt
- 1 Lorbeerblatt
- 100 ml Sahne

- 350 ml Gemüsebrühe (Bio-Instant o. s. S. 100)
- 4 rohe Riesengarnelen (ohne Schale)
- 1 Eiweiß (Gr. S)
- 1 TL Speisestärke
- 2 EL Kokosraspel

Zubereitungszeit: ca. 35 Minuten

1. Kürbis abspülen, evtl. schälen, entkernen und in gleich große Stücke schneiden. Pastinaken schälen und ebenso in Stücke schneiden.

2. Zwiebel, Knoblauch und Ingwer schälen und fein würfeln. In 1 EL Öl in einem Topf mit Tomatenmark andünsten. Kürbis und Pastinaken zugeben und kurz mit andünsten. Mit Salz, Pfeffer und Gewürzen würzen. Sahne und Brühe angießen und alles zugedeckt ca. 20 Minuten köcheln lassen.

3. Inzwischen Garnelen abspülen, trockentupfen, evtl. auf einen Holzspieß spießen und mit Salz und Pfeffer würzen. Eiweiß und Stärke auf einem Teller verschlagen. Garnelen zuerst im Eiweiß, dann in den Kokosraspeln wenden. Übriges Öl in einer Pfanne erhitzen, Garnelen darin bei mittlerer Hitze goldbraun braten.

4. Den Eintopf nochmals abschmecken und mit den Garnelen anrichten.

„*Kürbis* – davor braucht man gar keine Angst zu haben. In der Verarbeitung ist er sehr den Kartoffeln ähnlich. Letztlich kann man damit alles herstellen, was mit Kartoffeln möglich ist."

Mangoldgemüse zu Kalbsröllchen

Für einen Kalbsfond (ca. 1,2 l):
- 1 kg Suppenfleisch vom Kalb (z. B. Hals)
- 1 Zweig Thymian
- 3 Stiele Petersilie
- 1 Zwiebel
- Salz, 1 TL Pfefferkörner
- 2 Gewürznelken
- 1 Bund Suppengrün

Für die Kalbsröllchen (für 2 Personen):
- 2 Kalbsschnitzel (aus der Keule, à ca. 175 g)
- Salz, Pfeffer
- 4 Blättchen Salbei
- 4 dünne Scheiben geräucherter Schinken
- 2 Zwiebeln (z. B. rote)
- 1 EL Butterschmalz
- 150 ml Weißwein
- 200 ml Kalbsfond (siehe Grundrezept)
- 500 g Mangold
- 1 Knoblauchzehe
- 2 EL Butter
- 1 Prise Muskat
- 4 EL Sahne
- 100 g kernlose Weintrauben

Zubereitungszeit (ohne den Fond): ca. 40 Minuten

Grundrezept für den Kalbsfond: Fleisch und Kräuter abspülen. Zwiebel halbieren, auf den Schnittflächen in einem Suppentopf anrösten. Fleisch zugeben, mit reichlich warmem Wasser bedeckt aufkochen, gründlich abschäumen. Mit Salz, Pfeffer, Kräutern und Gewürzen ca. 2 Stunden köcheln lassen. Gemüse putzen, abspülen, zerkleinern und mit dem Fleisch weitere 30 Minuten köcheln. Fond passieren, evtl. entfetten.

1. Für die Röllchen Fleisch trockentupfen, möglichst dünn plattieren, längs halbieren, würzen und mit Salbei und Schinken belegen. Aufrollen und feststecken. Zwiebeln schälen. 1 Zwiebel würfeln, andere Zwiebel in Spalten schneiden.

2. Butterschmalz in einem Topf erhitzen, Kalbsröllchen darin rundherum anbraten, Zwiebelwürfel zugeben und kurz mit andünsten. Mit Wein und Fond ablöschen, würzen und zugedeckt bei schwacher Hitze ca. 20 Minuten schmoren.

3. Mangold putzen, abspülen und abtropfen lassen. Stiele und Blätter getrennt in Streifen schneiden. Knoblauch schälen, fein würfeln, mit Rest Zwiebeln in 1 EL Butter andünsten. Mangoldstiele mit andünsten, würzen. Sahne und 4 EL Wasser zugeben, alles zugedeckt ca. 15 Minuten schmoren. Blätter nach ca. 10 Minuten zugeben und alles gar schmoren.

4. Weintrauben abzupfen, abspülen und abtropfen lassen. Röllchen herausnehmen, Fond bei starker Hitze um die Hälfte reduzieren (einkochen). Übrige kalte Butter unterschlagen, abschmecken. Trauben und Röllchen in der Sauce kurz erhitzen. Kalbsröllchen mit Sauce, Weintrauben und Mangold anrichten. Dazu passt z. B. Kartoffelpüree.

Sellerie-Rosmarin-Gemüse zu Tagliatelle

Für 2 Personen:
- 500 g junger Knollensellerie
- 1 kleiner Zweig frischer Rosmarin
- 1 Schalotte
- Salz
- 4 EL Butter
- Pfeffer aus der Mühle
- etwas fein abgeriebene Schale und Saft einer halben unbehandelten Zitrone
- 200 g Tagliatelle (Bandnudeln)
- 100 g Kirschtomaten
- 2 EL Crème fraîche
- frisch gehobelter Parmesan

Zubereitungszeit: ca. 25 Minuten

1. Sellerie putzen, schälen und in feine Streifen schneiden, etwas frisches Grün beiseite legen. Rosmarin abspülen, trockenschütteln und die Nadeln abstreifen. Rosmarin hacken. Schalotte schälen und fein würfeln.

2. Für die Nudeln reichlich Salzwasser aufkochen. 2 EL Butter in einem Topf erhitzen. Schalotte darin andünsten. Rosmarin und Sellerie mit andünsten. Mit Salz, Pfeffer, Zitronensaft und -schale würzen, 5 EL Wasser zugeben und alles bei schwacher Hitze ca. 15 Minuten zugedeckt köcheln lassen.

3. Nudeln im kochenden Salzwasser bissfest garen. Tomaten abspülen, putzen und halbieren. Übrige Butter in einer Pfanne erhitzen, Selleriegrün darin kurz anbraten, auf Küchenpapier abtropfen lassen. Tomaten in der Butter schwenken, würzen.

4. Crème fraîche unter den Sellerie mischen. Nudeln abgießen, abtropfen lassen und mit dem Sellerie mischen, mit Salz und Pfeffer abschmecken. Mit Tomaten, Selleriegrün und Parmesan anrichten.

„Wer die *Tagliatelle* richtig al dente liebt, wird auch das Gemüse vielleicht knackiger essen wollen. Dieses dann nach ein paar Minuten probieren und vom Herd nehmen."

Schnitzelchen in Nusshülle mit Wirsing

Für 2 Personen:
- 1 Scheibe Frühstücksspeck
- 100 g kleine Pfifferlinge
- 1/2 kleiner junger Wirsing
- 1 Schalotte
- 2 EL Butter
- 1/2 TL getr. Thymian
- Salz
- Pfeffer aus der Mühle
- 100 ml Sahne
- 2 Schweineschnitzel (aus der Keule, à ca. 175 g)
- 1 Ei
- 4 EL Semmelbrösel
- 4 EL gemahlene Haselnüsse
- etwas Mehl
- 3 EL Butterschmalz
- 75 g milder Edelpilzkäse (z. B. Gorgonzola)

Zubereitungszeit: ca. 40 Minuten

1. Speck in feine Streifen schneiden. Pfifferlinge putzen, evtl. vorhandenen Sand abreiben. Wirsing putzen, harten Strunk herausschneiden. Wirsing in feine Streifen schneiden. Schalotte schälen und fein würfeln.

2. Speck in 1 EL Butter in einem Topf knusprig braten, herausnehmen, auf Küchenpapier abtropfen lassen. Schalotte, Pilze und Thymian im Bratfett andünsten. Wirsing zugeben und ebenfalls andünsten. Mit Salz und Pfeffer würzen. Sahne angießen und alles zugedeckt ca. 20–25 Minuten schmoren.

3. Schnitzel abspülen, trockentupfen und zwischen zwei Lagen von z. B. Frischhaltefolie dünn plattieren. Schnitzel jeweils halbieren. Ei auf einem Teller verquirlen. Semmelbrösel und Nüsse auf einem weiteren großen Teller mischen. Fleisch würzen, dann zuerst in Mehl wenden, abklopfen. Durchs Ei ziehen und mit der Nussmischung panieren, leicht andrücken. Rest Butter und Butterschmalz in einer Pfanne erhitzen, Schnitzelchen darin je Seite bei mittlerer Hitze ca. 2 Minuten knusprig braun braten.

4. Käse evtl. entrinden, in feine Stücke schneiden, unter den Kohl mischen und schmelzen lassen. Mit Salz und Pfeffer abschmecken, Speck überstreuen. Schnitzel und Wirsing anrichten. Dazu passen z. B. Salzkartoffeln.

Fliederbeersuppe mit Grießnocken

Für 2 Personen:
- 1/4 l Milch
- 1 Stück unbehandelte Zitronenschale
- 1 Prise Salz
- 2 EL Zucker
- 30 g Weichweizengrieß
- 1 Ei (Gr. S)
- 200 ml Apfelsaft
- 4 EL Zitronensaft
- 1 kleines Stück Zimtstange
- 1 mittelgroßer säuerlicher Apfel
- 350 ml Holundersaft (Fliederbeersaft gebrauchsfertig verdünnt, aus der Flasche)
- 1 1/2 EL Speisestärke

Zubereitungszeit (ohne Auskühlzeit): ca. 25 Minuten

1. Milch, Zitronenschale, Salz und Zucker aufkochen, Grieß einstreuen und bei schwacher Hitze ausquellen lassen. Ei trennen. Grieß kurz abkühlen lassen, Eigelb unterschlagen. Eiweiß steif schlagen und unterziehen. Grieß mit Folie bedeckt auskühlen lassen.

2. Apfelsaft, Zitronensaft und Zimt in einem kleinen Topf erhitzen. Apfel evtl. schälen, entkernen und in Spalten schneiden. Apfelspalten im Saft ca. 4 Minuten ziehen lassen, herausheben.

3. Holundersaft und Stärke glatt verrühren, zum Apfelsaft gießen und alles unter Rühren kurz aufkochen lassen, bis die Suppe leicht andickt.

4. Mit einem Esslöffel Nocken vom Grieß abstechen. Holundersuppe mit Apfelspalten und Grießnocken anrichten. Evtl. mit Zitronenzesten garnieren.

„Dafür ausschließlich ein *frisches Ei* verwenden, da es nur unter die warme und nicht mehr kochende Grießmasse gegeben wird."

Welche Eier sind von glücklichen Hühnern?

Was ist der Unterschied zwischen Bio-, Boden- und Freiland-haltung, und worauf muss man beim Einkauf achten?

Deutsche Hühner legen im Jahr rund 14 Milliarden Eier. Durch die bindende Kennzeichnungspflicht für lose Eier muss jedes Exemplar, ob auf dem Wochenmarkt oder im Discounter, einen Stempel tragen, mit dessen Hilfe nachvollziehbar ist, wo das Ei gelegt wurde und um welche Art des Legebetriebes es sich handelt. Diese Transparenz gibt dem Verbraucher ein gewisses Maß an Sicherheit. Im Internet kann er durch den Zahlencode jederzeit den Betrieb prüfen (*www.was-steht-auf-dem-ei.de*).

Was unterscheidet die Haltungs-formen?
Bei der **Käfighaltung** stehen die Hennen in mehreren Etagen übereinander auf Drahtgeflechten. EU-weit sind derzeit 550 Quadratzentimeter pro Huhn vorge-schrieben. Ab 2009 wird die Käfighaltung in Deutschland ganz verboten, EU-weit ab 2012. Bei **Bodenhaltung** sind maximal neun Hühner pro Quadratmeter Nutz-fläche erlaubt – das gilt ebenso für Freilandhaltung. Ein Drittel des Stalls muss eingestreut sein, der übrige Bereich ist mit Latten und Git-tern ausgestattet, Nester

sind vorhanden. **Freiland-hühner** sind tagsüber an frischer Luft, im Stall gibt es Sitzstangen, Nester und Einstreu. **Ökologische Erzeugung** bedeutet Aus-laufhaltung und geringe Bestandsdichte. Im Stall darf es pro Quadratmeter Nutzfläche maximal sechs Hennen geben, es gibt mehr Stangen und Nester. Das Futter muss aus ökologischem Anbau und frei von Gen-Technik sein.

Welche Hühner sind nun glücklich?
Hühnern aus Bodenhaltung geht es nicht viel besser als den Kolleginnen im Käfig. Sonnenlicht wird durch künstliche Neon-röhren ersetzt. Auslauf gibt es keinen. Um Verletzungen zu vermeiden, werden den Hennen die Schnäbel gestutzt. Bei der Freilandhaltung hat jede Henne immerhin einen Grünauslauf von mindestens zehn Quadratmetern – wie auch ihre Bio-Kolle-ginnen. Freilandeier sind aber nicht auto-matisch Bio-Eier. Der Unterschied liegt in der Fütterung. Während Freilandhühner mit Futter aus konventioneller Landwirtschaft gefüttert werden, bekommen die

Der Stempel auf dem Ei ist für den Verbraucher der Nachweis für kontrollierte Qualität

(Bildunterschrift teilweise verdeckt)

erfüllen. Bei der Tierhaltung gehört dazu z. B. die geringere Zahl der gehaltenen Tiere pro Fläche sowie die Fütterung von teurem Öko-Futter. Dadurch steigen Arbeitsaufwand und Kosten.

Was ist mit Lebensmitteln, die Eier enthalten? Bei Gebäck, Nudeln und Eis ist nach wie vor nicht nachvollziehbar, welche Eier in den Zutaten verwendet oder wie die Hennen gehalten werden. Verschiedene Verbände und Organisationen fordern seit Langem eine Kennzeichnungspflicht. Bis es diese gibt, können Verbraucher sich nur auf Bio-Produkte verlassen. Bei ihnen ist jede Zutat ökologisch kontrolliert.

Ist das Ei noch frisch? Ei in ein Glas mit kaltem Wasser legen. Schwimmt es nach oben, ist es ungenießbar. Bleibt es am Boden, ist es frisch. Auf der Verpackung muss ein Mindesthaltbarkeitsdatum stehen. Die Eiqualität wird auch durch Sauberkeit und Hygiene bestimmt (Keime können durch Kot am Ei übertragen werden). Die Betriebe werden daher regelmäßig geprüft.

Wie liest man den Eiercode richtig?

0 DE 012345

Art der Haltung:

0	=	Ökologische Erzeugung
1	=	Freilandhaltung
2	=	Bodenhaltung
3	=	Käfighaltung

Länderkennung

DE	=	Deutschland
AT	=	Österreich
BE	=	Belgien
NL	=	Niederlande
ES	=	Spanien

Die **mehrstellige Nummer** dient zur Identifizierung des Betriebes.

Bio-Hühner ihr Futter aus biologischem Anbau. Auch Medikamente dürfen Freilandtieren verabreicht werden. In der Bio-Haltung greift man auf homöopathische Mittel zurück.

Lebt es sich als Bio-Henne am besten? Ja. Und mit jedem gekauften Bio-Ei fördert man die artgerechte Haltung von (glücklichen) Hennen.

Warum sind Bio-Eier teurer? Öko-Landwirte müssen strengere Richtlinien

Kochen im Winter

Tafelspitz-Sellerie-Consommé

Für 2 Personen:
- 1 Zwiebel
- 1 kleines Bund Suppengemüse
- 300 g Knollensellerie
- 1 Stück frischer

- Meerrettich (ca. 5 cm)
- 400 g Tafelspitz
- 1 Lorbeerblatt
- 2 Gewürznelken
- je 2 Piment- und schwarze Pfefferkörner

- 2–3 Stiele Thymian oder Majoran
- Salz, Pfeffer
- 2–3 EL Rapsöl
- 2–3 EL halbtrockener Sherry oder Anisschnaps

Zubereitungszeit: ca. 20 Minuten, Garzeit: ca. 1 1/2 Stunden

1. Zwiebel halbieren. Suppengemüse und Sellerie putzen, etwas feines Selleriegrün beiseite legen. Gemüse klein schneiden. Hälfte Meerrettich schälen und grob würfeln. Fleisch abspülen.

2. Zwiebelschnittflächen in einem heißen Suppentopf kräftig braun anrösten. Gewürze, Thymian, 1,2 l Wasser und 1–2 TL Salz zugeben, aufkochen. Fleisch und vorbereitetes Gemüse zugeben und alles bei leicht geöffnetem Topf ca. 1–1 1/4 Stunden sanft köcheln lassen. Dabei entstehenden Schaum öfter sorgfältig abschöpfen.

3. Weich gekochtes Fleisch herausnehmen, evtl. warm stellen. Fond durch ein feines, mit einem Mulltuch ausgelegtes Sieb passieren, evtl. zusätzlich mit Eiweiß klären. Öl in einer Pfanne erhitzen, Selleriegrün darin kurz frittieren. Auf Küchenpapier abtropfen lassen, leicht salzen. Übrigen Meerrettich schälen und in feine Streifen schneiden.

4. Consommé nochmals kurz erhitzen und mit Salz, Pfeffer und Sherry abschmecken. Mit Selleriegrün und frischem Meerrettich anrichten (Fleisch evtl. in Scheiben schneiden und mit der Consommé anrichten oder für einen Rindfleischsalat mit Vinaigrette verwenden bzw. als zweiten Gang z. B. mit Meerrettichsauce servieren).

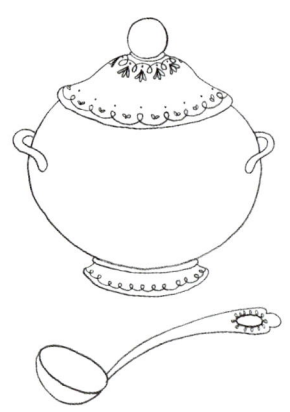

Feldsalat mit Apfel-Sanddorn-Dressing

Für 2 Personen:
- 4 EL Zitronensaft
- 250 g Schwarzwurzeln
- Salz
- 6 Walnusskernhälften
- 2 Scheiben Frühstücksspeck
- 1 Schalotte
- 1/2 TL getr. Thymian
- 1 EL Apfelessig
- 2 EL honiggesüßter Sanddornsaft
- Pfeffer aus der Mühle
- 2 EL Walnuss- oder Traubenkernöl
- 75 g Feldsalat
- 2–3 Stiele glatte Petersilie
- 3 EL Semmelbrösel
- 1 1/2 EL Butter

Zubereitungszeit: ca. 35 Minuten

1. In einer Schale ca. 1/2 l kaltes Wasser und Zitronensaft mischen. Schwarzwurzeln gründlich abbürsten, schälen, in Stücke schneiden und sofort ins Zitronenwasser legen. Dann Schwarzwurzeln in wenig kochendem Salzwasser in einem Topf zugedeckt ca. 15 Minuten garen.

2. Nüsse grob hacken, in einer Pfanne ohne zusätzliches Fett rösten, auf einem Teller auskühlen lassen. Speck in der Pfanne knusprig auslassen, auf Küchenpapier abtropfen lassen. Schalotte schälen, fein würfeln und mit dem Thymian im Speckfett andünsten. Essig und Sanddornsaft einrühren. Mit Salz und Pfeffer würzen, Öl und Nüsse unterquirlen.

3. Salat verlesen, putzen, abspülen und gründlich abtropfen lassen. Schwarzwurzeln ebenfalls abtropfen lassen, 1–2 EL von der Kochflüssigkeit unter das Dressing rühren.

4. Petersilie abspülen, trockenschütteln. Schwarzwurzeln in Semmelbröseln wenden. Butter in einer Pfanne erhitzen, Schwarzwurzeln darin leicht bräunen, mit Salz und Pfeffer würzen. Petersilie hacken, zugeben und alles kurz durchschwenken.

5. Schwarzwurzeln mit Salat und Speck auf Tellern anrichten. Dressing darüber träufeln.

„Eine komplexe *Vitaminbombe* für den Winter. Tun Sie sich einen Gefallen, und bevorzugen Sie beim Einkauf von Feldsalat feste, *kleinblättrige* Ware."

Orangenfenchel zu gebeiztem Wildlachs

Für 6 Personen:
- 2 unbehandelte Orangen
- 1 EL Korianderkörner
- 1 1/2 EL Fenchelsamen
- 1 TL schwarze Pfefferkörner
- 1 Messerspitze grob geschroteter Chili
- 1 Stück frischer Ingwer
- 3 EL Zucker
- 2 1/2 EL grobes Meersalz
- 800 g küchenfertig vorbereitetes Wildlachsfilet mit Haut
- je 2 Bund Dill und frischer Koriander
- 4 mittelgroße Knollen Fenchel
- 3 EL Butter
- 100 ml Weißwein
- Salz
- Pfeffer aus der Mühle

Marinierzeit: mindestens 2 Tage,
Zubereitungszeit: ca. 50 Minuten

1. Eine Orange heiß abspülen, trockenreiben und 1 TL Schale abreiben. Schale mit Koriander, 1 EL Fenchelsamen, Pfefferkörnern und Chili in einem Mörser fein zerstoßen. Ingwer schälen, sehr fein würfeln und mit 2 EL Zucker, Meersalz und der Gewürzmischung mischen.

2. Fisch abspülen, trockentupfen, in 2 gleich große Stücke schneiden und auf den Filetseiten mit der Gewürzmischung bestreuen. Kräuter abspülen, trockenschütteln, fein hacken und auf den Filets verteilen. Filets mit den gewürzten Seiten zusammenklappen und in einen großen Gefrierbeutel geben, Luft herausstreichen. Beutel fest verschließen und in eine Auflaufform legen. Z. B. mit einem Brettchen und Konservendosen beschweren. Im Kühlschrank ca. 2 Tage durchziehen lassen, 2- bis 3-mal wenden.

3. Eine Orange dick schälen, so dass die weiße Haut mit entfernt wird. Orange in feine Scheiben schneiden. Übrige Orange auspressen. Fenchel putzen, dabei etwas frisches Grün beiseite legen. Knollen abspülen, trockentupfen und in feine Streifen schneiden. Rest Fenchelsamen mörsern.

4. Butter erhitzen, Orangenscheiben darin kurz anbraten, herausnehmen. Fenchelsamen im Bratfett andünsten. Fenchel zugeben, mit andünsten. Rest Zucker darüber streuen und schmelzen lassen. Fenchel mit Wein und Orangensaft ablöschen, würzen und zugedeckt ca. 10–15 Minuten schmoren.

5. Fischfilet aus dem Beutel nehmen, Kräuter und Gewürze sorgfältig entfernen. Filet in Tranchen von der Haut schneiden, mit Orangenscheiben, Fenchel und Fenchelgrün anrichten.

Grünkohlquiche

Für 2 Personen:
- 200 g Mehl
- Salz
- 1 Prise Zucker
- 100 g Butter
- 4 Eier (Gr. M)
- 750 g Grünkohl
- 2 Zwiebeln
- 1 EL Butterschmalz
- Pfeffer aus der Mühle
- frisch geriebene Muskatnuss
- 150 g ausgelöstes Kasseler-Kotelett
- 150 g Schmand oder Crème fraîche

Zubereitungszeit (ohne Wartezeit): ca. 45 Minuten, Garzeit: ca. 55 Minuten

1. Mehl, 1/2 TL Salz und Zucker mischen. Mit Butter, 1 Ei und 1–2 EL kaltem Wasser zunächst mit den Knethaken krümelig durcharbeiten, dann mit den Händen rasch glatt verkneten. Teig in Folie gewickelt ca. 1 Stunde kalt stellen.

2. Grünkohl verlesen, putzen und gründlich abspülen. Reichlich Wasser aufkochen, Kohl darin ca. 5 Minuten blanchieren. Kohl gut abtropfen lassen und fein hacken. Zwiebeln schälen, fein würfeln. Butterschmalz erhitzen, Zwiebeln darin braun braten, Kohl zugeben und kurz mit andünsten. Mit Salz, Pfeffer und Muskat kräftig würzen, etwas abkühlen lassen.

3. Backofen auf 180 Grad (Umluft: 160 Grad/Gasherd: Stufe 2–3) vorheizen. 2 kleine (ø ca. 12–15 cm) oder 1 große (ø ca. 24–26 cm) Quiche- oder Springform fetten und mit dem Teig auslegen, dabei einen kleinen Rand formen. Teig mit einer Gabel mehrmals einstechen. Kasseler in Würfel schneiden und auf dem Teig verteilen. Schmand und übrige Eier verquirlen, mit dem Grünkohl mischen und kräftig würzen. Grünkohlmischung auf dem Teig verteilen.

4. Quiche im heißen Backofen ca. 40–55 Minuten backen.

„Beim *Grünkohl* halte ich es so: Die inneren, zarteren Blätter verwende ich beispielsweise für die Quiche. Die äußeren, festen bis ledrigen Blätter lass ich ganz ungeniert durch den Fleischwolf."

Vincent Klink

Ente zu Quitten-Rotkohl

Für 4 Personen:
- Je 5 Gewürznelken und Pimentkörner
- 2 Lorbeerblätter
- 1 küchenfertig vorbereitete Landente (ca. 3,5 kg)
- Salz
- Pfeffer aus der Mühle
- 1 Orange
- 4 große Zwiebeln
- 100 ml Sherry
- 750 g Rotkohl
- 2 EL Butterschmalz
- ca. 1/8 l Gemüsebrühe (z. B. instant)
- 4–6 EL Balsam-Essig
- 3–4 EL Quittengelee
- 2 mittelgroße Quitten

Zubereitungszeit: ca. 45 Minuten,
Bratzeit: bis zu 3 1/2 Stunden

1. Je 3 Gewürznelken und Pimentkörner und 1 Lorbeerblatt im Mörser zerstoßen. Ente gründlich von innen und außen abspülen, trockentupfen und mit den Gewürzen, Salz und Pfeffer einreiben. Orange dick schälen, 3 Zwiebeln schälen. Orange und Zwiebeln in Stücke schneiden, Ente mit Orange und Hälfte Zwiebeln füllen.

2. Ofen auf 180 Grad (Umluft: 160 Grad/Gasherd: Stufe 2–3) vorheizen. Ente in einen backofengeeigneten Bräter legen, Rest Zwiebelstücke darum verteilen. 1/2 l Wasser und Sherry angießen. Im Ofen ca. 2 3/4 bis 3 1/2 Stunden braten. Zwischendurch wenden und öfter mit dem Fond beschöpfen.

3. Kohl putzen, halbieren, Strunk herausschneiden. Kohl in feine Streifen schneiden. 1 Zwiebel schälen, würfeln. Butterschmalz in einem Topf erhitzen, Zwiebel und Kohl darin andünsten. Mit Salz, Pfeffer, restl. Gewürznelken, Pimentkörnern, Lorbeer würzen. Mit Brühe, Essig, Gelee mischen. Zugedeckt bei schwacher Hitze ca. 20 Min. schmoren.

4. Quitten gründlich abreiben, halbieren, entkernen, in Stücke schneiden, unter den Kohl mischen, weitere ca. 30 Minuten schmoren.

5. Backofen auf 250 Grad oder Grillfunktion aufheizen. Ente herausnehmen, Füllung herauslöffeln, kurz warm stellen. Ente mit der Hautseite nach oben auf ein Blech legen, mit Salzwasser bestreichen und im Ofen knusprig bräunen.

6. Fond aus dem Bräter und Füllung durch ein Sieb streichen, bei starker Hitze kräftig einkochen, abschmecken. Rotkohl ebenfalls nochmals mit Salz, Pfeffer, Essig und Gelee pikant abschmecken. Ente und Rotkohl anrichten. Dazu passen Klöße oder Salzkartoffeln.

Deftiger Schmorkohl

Für 2 Personen:
- 50 g durchwachsener geräucherter Speck
- 1 Zwiebel
- 1 kleiner junger Weißkohl (ca. 600 g)

- 2 EL Schmalz (z. B. Gänse- oder Butterschmalz)
- 1 EL brauner Zucker
- 3 EL Apfelessig
- ca. 100 ml Gemüsefond

- (Bio-Instant o. s. S. 100)
- Salz
- Pfeffer aus der Mühle
- evtl. 1 TL Kümmel
- 2–3 Stiele glatte Petersilie

Zubereitungszeit: ca. 45 Minuten

1. Speck in Streifen schneiden, in einer Pfanne knusprig auslassen, herausnehmen und auf Küchenpapier abtropfen lassen.

2. Zwiebel schälen und fein würfeln. Kohl putzen, halbieren und den harten Strunk herausschneiden. Kohl in feine Streifen schneiden.

3. Schmalz im Speckfett erhitzen, Zwiebel darin glasig dünsten. Zucker darüber streuen und karamellisieren lassen. Mit Essig und Fond ablöschen. Kohl zugeben und unter Wenden in dem Würzfond anschmoren. Mit Salz, Pfeffer und evtl. Kümmel würzen.

4. Kohl bei schwacher Hitze unter gelegentlichem Wenden ca. 30 Minuten weich schmoren. Evtl. noch etwas Fond angießen.

5. Schmorkohl nochmals abschmecken, Petersilie abspülen, trockenschütteln und grob hacken. Schmorkohl mit Petersilie und Speck anrichten. Dazu passen z. B. Fleckerln, Spätzle, Pellkartoffeln oder einfach ein deftiges Bauernbrot.

Rehkeule in Wacholderrahm mit Rosenkohl

Für 4 Personen:
- 1 kg Rehkeule (mit Knochen)
- 4 Wacholderbeeren
- 1 Lorbeerblatt
- 1 TL getrockneter Thymian
- 1/2 l trockener Rotwein
- Salz
- Pfeffer aus der Mühle
- 2 EL Butterschmalz
- 2 Zwiebeln
- 750 g Rosenkohl
- 1 EL Butter
- 2 EL Haselnussöl
- Muskat
- 2 EL Crème fraîche

Zubereitungszeit (ohne Marinierzeit): ca. 40 Minuten, Schmorzeit: ca. 1 1/2 Stunden

1. Fleisch abspülen, trockentupfen und in eine Schale legen. Wacholderbeeren, Lorbeer und Thymian grob mörsern bzw. zerdrücken. Fleisch mit der Mischung einreiben, Wein angießen. Braten zugedeckt im Kühlschrank ca. 1 Tag durchziehen lassen, gelegentlich wenden.

2. Fleisch aus der Marinade nehmen, trockentupfen und mit Salz und Pfeffer einreiben. Butterschmalz in einem Bräter erhitzen, Fleisch darin rundherum kräftig anbraten. Zwiebeln schälen, in Spalten schneiden und zugeben.

3. Braten mit Rotweinbeize ablöschen. Zugedeckt bei schwacher bis mittlerer Hitze ca. 1–1 1/2 Stunden schmoren.

4. Rosenkohl putzen, abspülen, abtropfen lassen und in leicht gesalzenem Wasser ca. 12–15 Minuten knapp gar kochen, abgießen. Butter und Öl in der Pfanne erhitzen, Rosenkohl darin unter Wenden leicht anbraten, mit Salz, Pfeffer und 1 Prise Muskat würzen.

5. Braten herausnehmen, warm stellen. Bratenfond passieren und bei starker Hitze kräftig einkochen, mit Crème fraîche verfeinern, abschmecken.

6. Braten mit Sauce und Rosenkohl anrichten. Dazu schmecken Spätzle oder Salzkartoffeln.

Schoko-Flammeri zu Vanille-Rotwein-Birnen

Für 2 Personen:
- 1/2 Vanilleschote
- 3 1/2 EL Zucker
- 1 EL Butter
- 150 ml Rotwein
- 3 EL Zitronensaft
- 1 feste Birne
- 35 g Speisestärke
- 1 extrafrisches Eigelb
- 75 g Sahne
- 75 g dunkle Schokolade (ca. 70 % Kakaoanteil)
- 1/2 Zimtstange
- 1 Gewürznelke
- 1 Stück Sternanis
- 300 ml Milch
- 1 EL Haselnusskerne

Zubereitungszeit (ohne Abkühlzeit): ca. 35 Minuten

1. Vanilleschote längs aufschneiden, Mark herausschaben. 1 1/2 EL Zucker und Butter in einem kleinen Topf karamellisieren. Mit Wein und Zitronensaft ablöschen, Vanillemark einrühren. Mischung ca. 1/2 Minute köcheln lassen.

2. Birne schälen, halbieren, entkernen. Birnenhälften in den Weinfond legen. Ca. 2 Minuten zugedeckt dünsten, dann Birnenhälften herausheben. 10 g Stärke und etwas Wasser glatt rühren, Weinfond damit binden. Birnen wieder in den Fond einlegen und auskühlen lassen.

3. Eigelb, übrige Stärke und 2 EL Sahne verquirlen. Schokolade grob hacken. Mit Gewürzen, Milch, Rest Sahne und Zucker in einem Topf mischen, unter Rühren erhitzen. Topf vom Herd ziehen, Gewürze aus der Milch entfernen. Eigelbmischung mit einem Schneebesen unterschlagen. Flammeri unter Rühren nochmals erhitzen, bis die Creme andickt. Zugedeckt in einer Schüssel auskühlen lassen.

4. Nüsse grob hacken und in einer Pfanne rösten. Flammeri und je 1 Birnenhälfte mit Nüssen anrichten. Evtl. mit angeschlagener Sahne servieren.

„Hier variiere ich immer wieder, mal mit Zimt, mal ohne oder mit den sehr duftenden *Zimtblüten*. Hat man aber eine wirklich ausgezeichnete Schokolade, so gebe ich gar kein Gewürz dran, damit die *Schokolade* nicht zu sehr in den Hintergrund rückt."

Vincent Klink

Gemüse

Hier finden Sie alphabetisch sortiert, wann es welches Gemüse aus

	J	F	M	A	M	J	J	A	S	O	N	D
Blumenkohl						X	X	X	X	X		
Brokkoli						X	X	X	X	X		
Chicorée	X	X	X							X	X	X
Dicke Bohnen						X	X	X				
Erbsen						X	X	X				
Fenchel						X	X	X	X			
Frühlingszwiebeln				X	X	X	X	X	X	X		
Gemüsezwiebeln								X	X			
Grüne Bohnen						X	X	X	X	X		
Grünkohl	X	X									X	X
Gurken					X	X	X	X	X			
Kartoffeln	X	X				X	X	X	X	X	X	
Knoblauch				X	X	X						
Knollensellerie						X	X	X	X	X	X	
Kohlrabi						X	X	X	X	X		
Kürbis								X	X	X		
Mairübchen					X	X						
Mangold					X	X	X	X	X			
Meerrettich									X	X	X	X
Möhren						X	X	X	X	X		

	J	F	M	A	M	J	J	A	S	O	N	D
Pastinaken	●	●	●	●	●						●	●
Porree	●	●				●	●	●	●	●	●	
Radieschen				●	●	●	●	●	●			
Rhabarber			●	●	●							
Rosenkohl	●	●								●	●	●
Rote Bete				●	●	●		●	●	●	●	
Rotkohl						●	●	●	●	●		
Schmorgurken						●	●	●				
Schwarzwurzeln	●									●	●	●
Spargel				●	●							
Spinat				●	●		●	●	●	●		
Spitzkohl					●	●	●	●	●			
Stangensellerie					●	●	●	●	●			
Steckrüben								●	●	●	●	●
Teltower Rübchen					●	●	●	●				
Tomaten					●	●	●	●				
Topinambur	●	●	●	●						●	●	●
Weißkohl			●	●	●		●	●	●			
Wirsingkohl				●	●		●	●	●	●		
Zucchini					●	●	●	●	●			

Obst

In diesen Monaten finden Sie Obst aus heimischem Anbau:

	J	F	M	A	M	J	J	A	S	O	N	D
Äpfel	X	X	X				X	X	X	X	X	X
Aprikosen						X	X	X				
Birnen							X	X	X	X	X	
Brombeeren							X	X	X			
Erdbeeren					X	X	X					
Feigen								X	X	X		
Heidelbeeren						X	X	X	X			
Himbeeren						X	X	X	X			
Holunderbeeren								X	X			
Johannisbeeren						X	X	X				
Kirschen						X	X	X				
Mirabellen								X	X			
Pflaumen							X	X	X	X		
Pfirsiche							X	X	X			
Preiselbeeren								X	X	X		
Quitten									X	X	X	X
Renekloden							X	X	X			
Stachelbeeren						X	X					
Weintrauben									X	X		
Zwetschgen							X	X	X			

Pilze, Salate und Kräuter

Die Saison für heimische Speisepilze eröffnen Pfifferlinge ab ca. Ende Juni (stark witterungsabhängig). Wiesen-Champignons und Wald-Speisepilze laden ab ca. August Kenner zum Sammeln ein.

Die Freiland-Salatsaison startet ab April mit dem ersten zarten Kopfsalat und Löwenzahn. Riesig ist das Angebot von ca. Mai bis Oktober aus heimischem Freilandanbau: Eisberg, Rauke, Batavia, Eichblatt, Lollo rosso/bianco, Radicchio und Römersalat. Dann übernehmen die Wintersorten ab ca. Oktober bis März: Feldsalat, Chicorée und Endivie.

Aromatische Frühlingskräuter wie Bärlauch, Schnittlauch, Kerbel und Waldmeister verwöhnen Genießer ab März. Ab Mai beginnt die Saison für kräftige Sommerkräuter wie Salbei, Basilikum, Petersilie, Estragon, Rosmarin, Thymian, Oregano, Pimpinelle, Minze, Liebstöckel, Bohnenkraut, Borretsch, Dill, Zitronenmelisse und Gartenkresse.

Vorräte für den Winter

Einfrieren, **Einkochen** oder **Trocknen** ist angesagt, wenn Obst und Gemüse im Überfluss reif sind, denn gut Konserviertes lässt sich übers ganze Jahr genießen. Stets gilt: Nur absolute Frische, einwandfreie Qualität von Obst und Gemüse sowie penible Sauberkeit bei der Zubereitung garantieren Haltbarkeit und Genuss. Die einfachste Methode, frisch Geerntetes haltbar zu machen, ist das **Einfrieren**. Voraussetzung: ein großes Tiefkühlgerät. Das Prinzip: Obst oder Gemüse wird, je nach Sorte, geputzt und ggf. klein geschnitten. Um Vitamine, Farbe und Geschmack optimal zu erhalten, ist es sinnvoll, die meisten Gemüsesorten kurz in kochendem Wasser zu blanchieren und dann kalt abzuschrecken. Zum Einfrieren geeignet: Erbsen, alle Kohlsorten, Möhren, Schwarzwurzeln, Zwiebeln, Sellerie, Spinat, Spargel, Speisepilze, Paprika, Auberginen, Porree, Bohnen, Steckrüben sowie alle heimischen Obstsorten (Äpfel und Birnen sind weniger gut geeignet). In Gefrierdosen oder Beuteln lassen sich Gemüse bzw. Obst so bei -18 bis -20 Grad bis zu zwölf Monate lagern.

Klassisches **Einkochen von Gemüse oder Obst** (in Einmachgläsern) ist vor allem bei Gartenbesitzern beliebt. Eingekochtes ist bis zu drei Jahre haltbar (dunkel und kühl lagern). Dafür gewaschenes, geputztes, ggf. zerkleinertes Obst und Gemüse mit gesüßter oder gewürzter Flüssigkeit in spezielle Einmachgläser einfüllen (Haushaltswaren) und bei ca. 100 Grad z. B. im Wasserbad einkochen. Ideal dafür sind Gurken, Tomaten, Schwarzwurzeln, Zucchini, alle Kohlsorten, Kürbis, Möhren, Sellerie, Speisepilze, Fenchel, Paprika, Bohnen, Obstsorten wie Kirschen, Pflaumen, Äpfel, Zwetschgen, Stachelbeeren, Birnen, Pfirsiche, Aprikosen und Renekloden. Durch **Trocknen** können Sie Äpfel, Birnen, Aprikosen, Zwetschgen, Trauben, Wildfrüchte, Tomaten, Pilze, Kräuter (Rosmarin, Thymian, Salbei) in einen lang haltbaren Vorrat verwandeln. Das gegebenenfalls in feine Scheiben geschnittene Trockengut im Dörrautomat trocknen lassen und dieses dann dunkel und luftdicht verschlossen lagern.

Die Rezepte der DVD

Frisch vom Feld direkt in den Kochtopf, so das Motto von Vincent Klink und Otto Koch, die im Tennental vor Ort gekocht haben

Gebackener Leberknödel auf Radieschensalat

Zubereitungszeit: ca. 30 Min., Garzeit: ca. 20 Min.

Für 4 Personen:
- etwas Schweinenetz (evtl. vorbestellen)
- ca. 100 g Dinkel-Weizen-Brötchen vom Vortag
- ca. 125 ml Milch
- 1 Zweig Majoran
- 3 Zweige glatte Petersilie
- 1 Eiweiß
- 2 Schalotten
- 1 TL Butterschmalz
- 150 g Kalbsleber (vom Metzger durchgewolft)
- etwas Salz
- etwas Pfeffer
- 400 g große Radieschen
- 1 EL Sherry-Essig
- 2 EL Olivenöl
- 1 Bund Schnittlauch

1. Schweinenetz kalt wässern. Brötchen würfeln, mit warmer Milch übergießen. Kräuter abspülen, trockenschütteln, hacken. Eiweiß steif schlagen.

2. Schalotten schälen, fein würfeln, in Butterschmalz andünsten. Mit Leber, Brötchen, Eiweiß, Kräutern zu einem lockeren Teig mischen, würzen. Ofen auf 210 Grad (Umluft: 190 Grad/Gasherd: Stufe 4) vorheizen.

3. Aus der Masse Knödel formen, jeweils in Schweinenetz wickeln. In einer gebutterten Auflaufform ca. 20 Minuten im heißen Ofen backen.

4. Radieschen putzen und fein schneiden. Essig, Öl, Salz und Pfeffer verrühren, Radieschen untermischen. Schnittlauch fein schneiden. Knödel auf den Radieschen anrichten und mit Schnittlauch garnieren.

Minestrone mit Quarkklößchen

Zubereitungszeit (ohne Brühe): ca. 40 Min.

Für 4 Personen:

Grundrezept Gemüsebrühe:
(für ca. 1 1/2 l Fond)
- 3 Zwiebeln
- 3 Möhren
- 2 Stangen Staudensellerie
- 1 Stange Lauch (Porree)
- ca. 500 g Gemüse nach Belieben (z. B. Zucchini)
- 2 Tomaten
- 1 Knoblauchzehe
- 50 g frische oder getrocknete Speisepilze
- 2 EL Butter
- Salz
- etwas Pfeffer
- 1 Lorbeerblatt

Für die Quarkklößchen:
- 250 g Magerquark
- 60 g Kastenweißbrot
- 2 Zweige Thymian
- 15 g weiche Butter
- 2 Eigelb
- 1 EL Grieß (Weichweizen)
- etwas Salz, Pfeffer
- 1 Prise Muskat

Für die Minestrone:
- 2 Schalotten
- 1 EL Olivenöl
- 2 Möhren
- 100 g grüne Bohnen
- 1 l Gemüsebrühe
- 1/2 Lauchstange
- 1 Fleischtomate
- 5 Blätter Salbei
- etwas Salz
- etwas Pfeffer
- 30 g Parmesan
- evtl. etwas Thymian

Grundrezept Gemüsebrühe:

1. 1 Zwiebel halbieren, auf den Schnittflächen in einem Topf anrösten. Gesamtes Gemüse, Knoblauch, Rest Zwiebeln und Pilze putzen, grob zerkleinern, Tomaten und Pilze zunächst beiseite stellen.

2. Übriges Gemüse in Butter im Topf andünsten, würzen. 3 l Wasser angießen. Tomaten und Lorbeer zugeben. 30 Min. köcheln lassen. Pilze zugeben, nochmals

aufkochen. Fond passieren und auf ca. 1 1/2 l Flüssigkeit einkochen, abschmecken.

Tipp: Es lohnt sich, größere Mengen der Brühe zu kochen, da man sie gut einfrieren kann.

Quarkklößchen & Minestrone:

1. Quark in ein Küchentuch geben, gut ausdrücken und abtropfen lassen. Brot entrinden und fein reiben. Thymian abspülen und fein hacken. Butter schaumig rühren, Eigelbe unterrühren. Mit Quark, Grieß, Brotbrösel und Thymian untermischen, würzen. 5–10 Min. quellen lassen. Klößchen abstechen. In siedendem Salzwasser einige Min. gar ziehen lassen.

2. Für die Minestrone Schalotten schälen, fein hacken und im Öl andünsten. Möhren putzen, in feine Scheiben schneiden. Bohnen putzen und je nach Größe halbieren oder dritteln. Mit Möhren und Brühe zu den Schalotten geben, aufkochen. Lauch putzen, waschen und in feine Ringe schneiden. Tomate häuten, entkernen und würfeln.

3. Sobald Möhren und Bohnen bissfest sind, Salbei sehr fein schneiden und mit Lauch und Tomaten in den Fond geben. Aufkochen und abschmecken. Minestrone mit Klößchen, evtl. Thymian und frisch gehobeltem Parmesan anrichten.

Kalbsfrikassee mit Kartoffelpudding, Gurkengemüse & Salat

Zubereitungszeit: ca. 1 Stunde, Garzeit: bis zu 90 Min.

Für 2 Personen:

Für das Kalbsfrikassee:

- 1 kleine Zwiebel
- 1 kleine Möhre
- 100 g Sellerie
- 100 g junger Lauch
- 300 g Kalbfleischwürfel (vom Hals)
- 350 ml Kalbsfond (s. S. 66)
- 350 ml tr. Weißwein
- 1 Lorbeerblatt
- 1 Zweig Thymian
- 5 Pfefferkörner (zerdrückt)
- etwas Salz, Pfeffer
- 200 g Crème double
- 1 TL Mehlbutter (weiche Butter und Mehl zu gleichen Teilen gemischt)
- 4 Stiele glatte Petersilie

Für den Kartoffelpudding:

- 350 g Kartoffeln (mehlig kochend)
- etwas Salz, Pfeffer
- 2 Eier
- 60 ml Sahne
- 1 Prise Muskat
- Butter zum Ausfetten
- 1 dünne Scheibe Frühstücksspeck

Für den Salat:

- 100 g Blattsalat
- 2 EL Sherry-Essig
- 1 TL Dijon-Senf
- 4 EL Olivenöl
- etwas Salz
- etwas Pfeffer

Für das Gurkengemüse:

- 2 Stiele glatte Petersilie
- 1 Salatgurke
- 1 Schalotte
- 1 EL Butter
- 50 ml Gemüsebrühe (oder Weißwein)
- etwas Salz, Pfeffer

1. Zwiebel schälen und fein würfeln. Möhre, Sellerie und Lauch putzen, abspülen und fein würfeln. Fleisch in 1 cm große Würfel schneiden. Mit dem Kalbsfond, Wein, Lorbeer, Thymian, den Pfefferkörnern und Gemüsewürfeln in einem Topf aufkochen, würzen und bei mittlerer Hitze köcheln, bis das Fleisch weich ist (dauert je nach Qualität des Fleisches 40–90 Minuten).

2. Für den Pudding die Kartoffeln schälen, vierteln und in Salzwasser garen. Ofen auf 200 Grad (Umluft: 180 Grad/ Gasherd: Stufe 3–4) vorheizen.

3. Kartoffeln abgießen und ausdampfen lassen, dann durch eine Presse drücken. Mit Eiern, Sahne, Salz, Pfeffer und Muskat mischen. Souffléförmchen (ca. 200 ml Inhalt) ausbuttern und den Boden mit einem passenden Stück Speck auslegen. Kartoffelmasse einfüllen und ca. 20 Min. im Ofen backen.

4. Das Fleischragout passieren, den Fond auffangen. Fleisch abgedeckt warm stellen. Fond etwas einkochen lassen und mit Crème double mischen, abschmecken und mit der Mehlbutter binden. Fleisch wieder zugeben, evtl. noch einige Minuten köcheln lassen. Petersilie hacken und untermischen.

5. Salat putzen, abspülen, abtropfen lassen. Essig, Senf, Öl, Salz und Pfeffer verquirlen.

6. Für das Gurkengemüse die Petersilie abspülen, trockenschütteln und fein schneiden.

Gurke abspülen, evtl. zum Teil schälen. Die Gurke halbieren, vierteln und in ca. 4 cm große Stücke schneiden. Die Schalotte schälen, fein schneiden und in der Butter andünsten. Gurke zugeben und etwas Brühe angießen, kurz schmoren. Petersilie untermischen und abschmecken.

7. Salat und Vinaigrette mischen. Kalbsfrikassee, Kartoffeltörtchen und Gurkengemüse anrichten. Salat dazu reichen.

Schweinekotelett mit Kräuterpanade und gefülltem Kohlrabi

Zubereitungszeit: ca. 40 Minuten

Für 2 Personen:

Für die Kohlrabi:
- 2 mittelgroße Kohlrabi
- etwas Salz
- 1/2 rote Paprika
- 100 g Champignons
- 1 kleine Möhre
- 2 EL Butter
- 1/4 l Gemüsebrühe
- 1/8 l Sahne
- etwas Pfeffer
- 1/2 Bund Schnittlauch
- 1/2 Bund glatte Petersilie

Für die Koteletts:
- 25 g gemischte Kräuter
- 50 g Kastenweißbrot
- 2 Schweinekoteletts (à ca. 180 g)
- etwas Salz
- etwas Pfeffer
- 2 EL Mehl
- 1–2 Eier
- 2–3 EL Butterschmalz

1. Kohlrabi putzen, schälen und jeweils einen Deckel abschneiden. Untere Stücke aushöhlen, dabei einen Rand von ca. 1/2 cm stehen lassen (Boden gerade schneiden, so dass der Kohlrabi stehen bleibt). Kohlrabi-Inneres fein hacken. Deckel und Kohlrabi in kochendem Salzwasser bissfest blanchieren, abschrecken. Paprika und Pilze putzen, fein würfeln. Möhre schälen und fein schneiden.

2. Kohlrabi-Inneres, Möhre sowie Paprika in 1 EL Butter andünsten. Brühe und Sahne angießen und einige Minuten köcheln, abschmecken. Kräuter abspülen, trockenschütteln und fein schneiden. Pilze in 1 EL Butter andünsten, unter das Gemüse rühren, Kräuter untermischen, abschmecken. Kohlrabi damit füllen.

3. Für die Fleischpanade Kräuter abspülen, trockenschütteln und fein schneiden. Brot würfeln, mit Kräutern in einen Cutter (Mixer) geben und fein mixen. Das Fleisch abspülen, trockentupfen, plattieren und würzen. Dann in Mehl wenden, durch das verquirlte Ei ziehen und panieren. In einer Pfanne im heißen Butterschmalz von beiden Seiten bei mittlerer Hitze jeweils ca. 5 Min. braten. Die Koteletts mit dem Kohlrabi anrichten.

Bayerische Creme mit Honig-Basilikum-Pesto

Zubereitungszeit: ca. 45 Min., Kühlzeit: ca. 2 Std.

Für 2 Personen:
- 2 Blatt Gelatine
- 100 ml Sahne
- 1 Vanilleschote
- 100 ml Milch
- 2 Eigelb
- 40 g Zucker

Für das Pesto:
- 40 g Basilikum
- 40 g Pinienkerne
- 30 g Honig
- 60 ml Olivenöl
- 1 EL Zitronensaft
- 1 Prise Salz
- etwas Pfeffer

Für die Garnitur:
- 2 Erdbeeren
- 2 Pfefferminzsträußchen
- etwas Zucker

1. Gelatine einweichen. Sahne steif schlagen. Das Mark aus der Vanilleschote schaben, in einem Topf mit Milch aufkochen. Milch etwas abkühlen lassen, Gelatine ausdrücken, in der noch warmen Milch auflösen. Eigelbe, Zucker in einem Schlagkessel schaumig aufschlagen, Vanillemilch unter ständigem Rühren dazugießen. Masse über Eiswasser kalt rühren, dann geschlagene Sahne unterziehen. Creme z.B. in Sektschalen füllen, ca. 2 Stunden kühlen.

2. Für das Pesto Basilikum zupfen, abspülen und abtropfen lassen. Pinienkerne rösten und mit Basilikum, Honig, Olivenöl sowie Zitronensaft gut durchmixen und mit Salz und Pfeffer abschmecken.

3. Creme und Pesto anrichten, evtl. mit Erdbeeren, Minze und Zucker garnieren.